女性活躍の推進

資生堂が実践するダイバーシティ経営と働き方改革

山極清子
wiwiw会長

経団連出版

はじめに

　女性活躍への取り組みに、筆者はかれこれ二五年近く深くかかわってきたが、その実践を通じて次の二つの点を確信するに至った。

　第一は、女性管理職登用は、女性の能力を引き出すことを通じて企業の経営パフォーマンスを高め、かつ女性はもちろんのこと男性にとっても有益な、新たなライフスタイルを創出し、成熟した社会をもたらすことである。

　この対極にある、女性管理職登用を妨げ、遅らせている要因は何なのか。どのようにしたら阻害要因を取り除き登用を実現できるのか。いつ、どの段階で、いかなる施策が必要になるのか、その施策はどのように実施するのか。これらの疑問に答えてくれるのが、第二の確信である。

　確信の第二は、女性の活躍と登用を実現する鍵を握るのが、「デュアル・アプローチ」だということである。ジェンダー・ダイバーシティ施策を単独で進めるのではなく、ワーク・ライフ・バランス施策と組み合わせて（デュアルに）進めていくことが肝心なのだ。これが、女性管理職登用に必要な、もっとも効果的な進め方である。

　デュアル・アプローチの有効性は、机上の空論から出てきたものではない。筆者が資生堂初の女性人事部課長として一九九七年以来、同社の女性活躍推進施策の策定過程に深くかかわり女性管理職登用に取り組んできた経験を系統的に振り返り、時間をかけて分析し、論理的に整理するなかで導き出された結論である。

資生堂の女性管理職登用の歴史はそう長いものではない。一九九五年、同社の女性管理職登用比率は三％台にすぎなかった。それが、およそ二五年を経た二〇一九年一月現在、資生堂グループの海外事業所のリーダー（部下をもつ管理職）に占める女性の比率は六六・三％、国内では三二・三％と日本企業のトップクラスとなった。

したがって今日、女性活躍が進んでいない企業であっても、このデュアル・アプローチ施策を経営戦略として定め、数値目標やスケジュールを明確にし、PDCAサイクルに即して達成状況を確認し進捗管理を進めるなら、必ず成果を出すことができる。

本書は、女性活躍を妨げている主な要因である日本的雇用慣行から脱却する道筋を記した「I「女性活躍」を加速させる道筋」にはじまり、「II　資生堂における女性管理職登用の取り組み」へと続く。Iは本書の理論的部分を構成する箇所であり、その目的はIIで検証する仮説「デュアル・アプローチ」の有効性を提示することにある。そしてIIでは、時系列に沿って、「プロセス・イノベーションのはじまり」（一八七二〜一九八六年度）→「女性管理職登用の胎動期」（一九八七〜一九九六年度）→「女性管理職登用の基礎固め期」（一九九七〜二〇〇四年度）→「女性管理職登用の発展期」（二〇〇五〜二〇一二年度）→「女性管理職登用の成熟期」（二〇一三年度〜

二〇二〇年三月）へと、資生堂が順次発展させてきた施策を紹介しながら、全体を整合性ある「プロセス・イノベーション」として提示することをめざしたものである。

読者のみなさんには、全体を通読していただくことはもちろん、自社で策定された女性活躍推進行動計画ならびに次世代育成支援行動計画の策定など、その目的に応じて必要な箇所を重点的に読み込むなど、上手に活用いただければ本望である。

なお、本書は筆者の博士論文『日本的雇用慣行を変える「ダイバーシティ経営」―女性管理職登用が経営パフォーマンスに与える影響―』（二〇一四年度、立教大学）をベースに読みやすく書き直したものである。実践的書物をめざしてはいるが、ノウハウ本ではない。また、資生堂の施策の概要や部署名、役職名などは導入当時のものであり、現在とは異なるものがある。本文中で紹介する数値やデータについても、筆者が担当していた当時の記録に基づくものである。

これから女性活躍への取り組みを推し進めたいという企業に送るエールになり、企業で活躍しようとする意欲的な女性たち、男性たちへの励ましのメッセージとなることを願ってやまない。

二〇二〇年四月

山極　清子

目次

【女性管理職登用の胎動期】

【女性管理職登用の基礎固め期】

［女性管理職登用の発展期］

おわりに

表紙カバーデザイン――竹内雄二

I

「女性活躍」を加速させる道筋

1. ジェンダー・ダイバーシティ・マネジメントの必要性

国内市場の成熟化や少子高齢化、さらにグローバル化等の進展に伴ってニーズに加えユーザー自体も多様化するなかで、商品・サービスを提供する企業側には高い競争力が求められている。このような変化し続ける内外のビジネス環境に対応し、企業が存続するための方策として大きく叫ばれるようになったのが、人材の多様性、すなわちダイバーシティの推進である。

しかし日本の経済社会では、男性は生産活動としての企業内分業を担い、女性は最終的な個人消費の主役として、家事労働や育児・介護などの家庭生活活動に従事するという、男女の固定的性別役割分担が根強く残っている。年齢階級別労働力率をみても、先進国ではほぼ消失したM字型就労カーブ（女性の就業率が、出産・育児期にあたる三〇歳代で落ち込むことを示す）が四〇年以上も続いている。

そして多くの企業では、いまだ高度経済成長期に形成された終身雇用や年功序列型賃金制度に代表される、いわゆる日本的雇用慣行が根底にあり、女性人材の効果的な登用が進んでいないのが実情である。日本的雇用慣行が「大量生産・価格競争」の成長モデルを支え、今日まで日本企業に発展をもたらしてきたことは否めない。

こうした状況を反映するように、日本経済が世界経済に大きな役割を果たしているにもかかわらず、日本の女性活躍は遅れたままである。世界経済フォーラム（World Economic Forum）が二〇一五年に発表したジェンダー・ギャップ指数[*1]をみてみると、日本のジェンダー平等度は、測定可能な一四五ヵ国中一〇一位ときわめて低く、G7のなかでも最低である。また、内閣府の『男女共同参画白書』（平成二七年版）によれば、わが国の管理的職業従事者の女性比率は一一・三％であり、アメリカ四三・七％、ドイツ二八・六％、イギリス三四・二％などの欧米諸国と比較して、圧倒的に低い。さらに、二〇〇九年に国際女性経営幹部協会が発表した、OECD加盟四二ヵ国を対象とした女性取締役比率では、世界上位一〇ヵ国の平均が一八・九％であるのに対して、日本はわずか一・四％にすぎず、意思決定ボードに参画する女性比率はきわめて低い。

社会に埋もれた人的資源の有効活用は、労働人口が減少するなかで量的な需要に応えるだけでなく、むしろ今日求められている多様性のある創造的な経営資源を確保するという質的な意味をもつ。特に、これまで家事労働の主たる従事者であり、生活の場で多くの経験から多様な能力を身につけた女性人材は、フロントランナーたる日本企業にとって必須の人的資源であり、現在の閉塞状況にある企業経営の創造的破壊の担い手となるはずである。

もちろん、これは女性のみを優遇しようということではない。人的資源の真の有効活用とは、性別を超えて男性も女性も、一人ひとりの個性や能力を活かそうとすることからはじまる。今日みられる、男女の別に基づく違いの多くは、生まれつきの性の差によるものではなく、その人が置かれた組織構造や状況によるものである。「人は女に生まれるのではない、女になるのだ」[*2]とボーヴォワール（Simone de Beauvoir）が主張しているように、それらには、家庭や地域社会、時代性や文化性など人の生育環境の違いやおのおの異なる経験から生まれる部分が大きい。

内閣府の「男女の消費・貯蓄等の生活意識に関する調査」（二〇一〇年）によれば、家計支出に占める妻の購入決定権限割合は、世界平均が六四％であるのに対し、日本では七四％となっている。つまり、家庭生活の必需品である商品・サービスの買い手の七割以上が女性といえる。加えて、生活財の使い手の多くも女性である。にもかかわらず、食料品や日用品をはじめ化粧品、衣料品などを製造・販売する売り手側の企業において最終決定権をもつ意思決定ボードメンバーには圧倒的に男性が多い。女性は、購買者、消費者として経験値が高いにもかかわらず、その生産に関する意思決定には参画していないのである。購買・消費の意思決定と生産の意思決定に乖離があるのは望ましい経営構造とは考えにくい。

また、日本企業における男性中心の閉鎖性は、欧米諸国と比べ際立っているものの、決して例外ではなく、各国ともに共通する問題点として指摘できる。いずれの国にも、構造的な男女の役割分担が形成されており、大なり小なり慣習化され、閉鎖的構造を構築してきたというのが歴史的事実の示すところである。そうであるなら、日本女性の能力が、日本企業のガバナンスには適していないということではない。日本より先に経済が成熟した欧米諸国は、低価格で品質の高い日本製品等に追い上げられ、標準化と価格競争から脱却するために、先んじて経営構造に多様性を導入してきた。なかでも女性を管理職・役員に登用することで組織の競争力を高める努力をしてきたのである。

昨今、新興国に追い上げられている日本も、かつての欧米諸国と同じく企業経営に多様性が求められている。新興国の経済成長は、日本の高度経済成長に類似するだけでなく、中国をはじめとしたアジア圏全体にわたる裾野の広いものである。それゆえ、これまでのような品質とコストを基準とするビジネスモデルが劣化するスピードは速い。そのなかで、詳細は後述するが、日本の経営に求められるのが、従業員の多様性、とりわけ女性人材を登用してパワーバランスを変え、組織変革する経営手法である「ジェンダー・ダイバーシティ・マネジメント」の導入である。

2. 経営戦略としての女性管理職登用

欧米先進諸国がジェンダー・ダイバーシティ・マネジメントを導入して女性の管理職・役員登用の実現をはかりながら経済の発展をもたらしたとすれば、わが国にも同様の経済発展の潜在力があるといえる。したがって、ジェンダー・ダイバーシティの観点で後れをとっている企業経営を分析することは、潜在成長力を顕在化させる道を明らかにすることにもなる。

それでは、日本の企業社会が抱える問題点は何か。ここでは労働力不足、少子高齢化、グローバル化への対応に焦点を当てたい。これらは、女性管理職の登用と有機的関係を有する複合的問題であり、女性管理職登用が推進されることで、同時に解消される可能性が高いからである。

二〇一四年現在、就業を希望する女性三〇三万人[*3]（全労働力人口の五％に相当）が、働きたくても働けない「失業状況」にあり、経済活動の機会を失っている。その中心が、三〇歳代という個々人のキャリア形成に重要な時期にあたる働き盛りの階層である。労働生産性も高い。こうした人々の労働力化に対して期待が高まる。

また、二〇一四年の合計特殊出生率は一・四二である。少子化がこのまま進めば、二〇三〇年における総人口は一億一六〇〇万人、ここに超高齢化も加わるため、生産年齢人口は六七〇〇万人へと大幅に減少すると推計されている。[*4]労働力人口の減少に伴って、GDPは伸び悩み、個人消費のベースも縮小するであろう。税収が減少し、年金、医療、福祉など社会保障の支えが失われ、経済・社会の活力が削がれることにもなる。

このように企業社会の未来を左右するような生産年齢人口の激減が予想されるなかで、現状では外国人労働者の活用には限界がみられる以上、これを補うためにも女性の生産活動への参画は必須といえる。

さらに、グローバル化により国境を越えた経済・生産活動が一層拡大することから、現地の顧客市場への対応が喫緊の課題となっている。現在、日本企業の約七割が海外現地生産を行なっており、製造業の海外生産比率は海外進出企業ベースで三八・二％、現地法人の売上高は全産業で二七二・二兆円[*5]にまで伸長している。

製品やサービスの海外展開にあたっては、性別や年齢だけでなく、人種や民族、宗教などの違いからくる多様性を力に変えていく必要がある。すなわち、当該地域の多様な人材を適材適所に配置すること、現地企業の管理職や経営者に登用することが不可欠である。女性人材の活用も然りである。

欧米諸国の多国籍企業は新興国における現地化を加速化させているが、その人材登用において、男女共同参画は必須条件となっている。そのようななかでは男性中心の旧態依然とした体制を変革しなければ、各国で異なる働き方や生活習慣、文化に対応したニーズを充足させることはできない。企業のグローバル化戦略は、多様性の価値を打ち出す基本でもあるのだ。

以上のように、日本の企業が将来的に抱える様々な社会的課題をクリアするためにも人材の多様化が欠かせない。特に女性管理職の登用が阻害されることは、人口の半分を占める女性が性別によって活動を制約されることを意味する。これは、企業はもちろん、経済・社会の活力を削ぎ、国そのものの成長と発展が妨げられることと同義でもある。

また昨今、日本企業の生産性や売り上げが低迷している要因として、同一思考に縛られた戦略によってもたらされる市場の飽和状態や不毛な価格競争が指摘されているが、これを打破するためにも、多様な思考を取り入れ、製品やサービスの差異化をはかることが必要となる。人材の多様化が叫ばれるなかで、現在、日本企業における女性管理職比率が際立って低いことを考えれば、経営パフォーマンス向上には、女性管理職登用が経営戦略として欠かせないのである。

3. 女性管理職登用を阻害する日本的雇用慣行

近年、ジェンダー・ダイバーシティ・マネジメントの必要性が高まり、女性管理職登用が経営戦略として位置づけられてきている。にもかかわらず、女性管理職の登用はなかなか進んでいない。その要因はどこにあるのだろうか。

日本で女性活躍が進んでいない背景には、税制・社会保障制度（所得控除や社会保険料の支払い免除）、保育所・学童保育などの育児関連施設等社会基盤の未整備、大学への進学率や専攻の偏りなどにみられる高等教育環境における問題、さらに男女雇用機会均等法や男女共同参画社会基本法、育児・介護休業法などの法的環境問題などが複雑に絡んでいる。しかし、女性の活躍、ひいては管理職登用を妨げている主たる要因は、高度経済成長期に定着した日本的雇用慣行によるところが大きいといえよう。

(1) 温存された日本的雇用慣行

「日本的雇用慣行」とは、企業が新卒者を一括採用し、生涯にわたる長期雇用を前提として、従業員が若年のときは賃金を上回る仕事をさせながら、企業内人材育成研修や配置、異動等によりキャリア形成をはかり、中高年期になって蓄積された人的資本への対価として仕事を上回る賃金を支払うことにより、その会社固有の技術や文化を有する熟練従業員を長期に確保する仕組みである（『厚生白書』平成一〇年版）。

わが国の高度経済成長モデル（以下、高成長モデル）は、戦後復興を終えた一九五五年にはじまり七三年までの高度経済成長期に確立され、その後、七四年から九一年までの安定成長期に変容し、バブル崩壊後から現在までの経済停滞期には限界点に逢着している。高度経済成長期には産業構造の変化、すなわち工業化につれて農村から都市部への人口移動が急速に進み、現在では、東京をはじめとする大都市部に人口が集中している。

高成長モデルにおける「終身雇用・年功序列賃金制・企業別組合」に代表される日本的雇用慣行の対象は、家庭責任を背負わず仕事に専念できる長期雇用の男性従業員に限られ、女性従業員は、結婚・出産などのライフイベントによる退職が当たり前の短期の補助的な働き手という位置づけであった。これは自ずと男性中心の社会的価値観や企業風土を形成することになる。

このことは、人々の考え方の基本的な枠組みを構成し、暗黙裡に人々の行動を長期間規定づける。高成長モデルのもとで制度化された日本的雇用慣行は、社会的な慣性となって固定的な性別役割分担という意識を堅持させることとなった。

高度経済成長期は、欧米に追いつけ追い越せのキャッチアップ経済であり、経営戦略は欧米の製品やサービスを模倣することが主軸となっていた。このように事業目的が明確だったため、組織はライン中心となり、ピラミッド構造をもつ企業組織は所与の目的のもとに長時間働くことで生産数量を高めることに専念した。目的達成のためには従業員の個性を排除し、組織への忠誠心や協調性が重視される。その結果、終業時刻は一人の仕事が終了する時間ではなく職場のそれとなり、就業時間は長時間化した。

また、高成長モデルでは雇用区分は性別によって二極化する。それは、終身雇用を前提に長時間労働など会社への忠誠心が求められる男性正規従業員と、正規・非正規を問わず、主に二次的・補助的業務に従事し、キャリアパスのない女性従業員からなっていた。

しかし、高度経済成長が終焉したにもかかわらず、なお男性正規従業員の長時間労働は続いている。タイムユーズ・サーベイでみるフルタイムの男性雇用者の週労働時間は、一九八一年から二〇〇六年まで五〇時間前後とほぼ固定的に推移している。この間、週休二日制の普及で減少した労働時間が平日の五日間に上乗せされたとみられ、男性正規従業員の多くは睡眠時間が低下し過労を実感するようになる。*6 特に一九九〇年代のバブル崩壊後から今日までは、大企業の雇用環境が悪化するなか、企業に対する忠誠心は長時間労働やサービス残業などの形で温存されてきた。

同様に、社会的価値観や企業風土のなかで暗黙裡に形成された固定的な性別役割分担も、キャッチアップが終了し、バブルが崩壊したあとも長きにわたり維持されたのである。男性正規従業員の長時間労働が変わらないままでは、働く女性たちが家事・育児を専一に担う役割も変化せず、女性従業員の多くは、この役割を優先し仕事時間を短縮することになる。

確かに、雇用者全体に占める女性の割合は、男女雇用機会均等法の制定などにより二八・一％（一九五三年）から四三・九％（二〇一五年）へと上昇し、女性の就業率（一五歳から六四歳まで）は六四・六％*7（二〇一五年）に増加している。働く女性が増えたにもかかわらず、男性は仕事中心・職場中心で、女性は職業をもっている場合であっても家事・育児中心という基本構造は温存されているのだ。

このことを象徴的に表わしているのが、「M字型就労カーブ」である。欧米の先進国ではほぼ消失したこの就労カーブが、日本では約四〇年変わらず残存している。「M字型」が、経済発展した日本で維持されるには何らかの理由があるはずである。日本の経済が特異な発展方法をとり、欧米とは異なる性別就労環境を形成したとすれば、女性管理職登用は日本の社会的構造を抜きにしてその全体像を捉えることはできない。

今日、経済のグローバル化、国内市場の飽和状態化、少子高齢化が進むなか、個人消費の先細りと労働力人口の減少により潜在成長率が低下するなど、成長モデルの変質が進んでいる。これは、高度経済成長期の「企業戦略、産業構造」および「就業構造」が行き詰まり、高度経済成長と軌を一にして生まれた「終身雇用、正規従業員、男性中心」の就労スタイルも機能不全を起こしていることを意味しているといえよう。つまり、M字型就労カーブにも変質を起こせる時代が到来したのだ。

(2) 阻害要因となる日本的雇用慣行とは

女性管理職登用の主な阻害要因は、M字型就労と表裏の関係にある男性の長期雇用を前提とした日本的雇用慣行にある。この日本的雇用慣行がもたらす恒常的な長時間労働と固定的性別役割分担との対構造の常態化・常識化により、女性だけが仕事と家事・育児の二重負担や時間制約を抱えることになる。日本的雇用慣行を具現化した個々の阻害要因を取り上げてみてみよう。

①長時間労働と固定的性別役割分担との対構造

企業における男性の長時間労働は、未就学児をもつ父親の平均的な帰宅時間の実態からも確認できる。未就学児の父母調査[*8]では、父親と母親が通常働いている日に帰宅する時間のうち、もっとも多い組み合わせは、「父親の一九時以降二一時未満、母親の一六時以降一九時未満」であった。男性は子育て時期にあたる三〇歳代の就業時間がいちばん長く、週六〇時間以上働く者の割合も三〇歳代がもっとも高い。[*9]育児期の男性の就業時間が長い分、女性は就業時間を短縮するよう調整しながら、家事・子育てを担っているのが現状であろう。[*10]

つまり、恒常的な長時間労働と固定的な性別役割分担とは対構造を形成する。共働き家庭において育児期にある男性の長時間労働は、女性だけに育児を任せることになり、結果として女性の職務経験は限られたものになる。それが、キャリア形成や女性管理職登用の阻害要因になっている可能性が高い。現に、女性の就労に焦点を当てた厚生労働省の「雇用均等基本調査」(二〇一一年）によると、女性の活躍を推進するうえで「家庭責任を考慮する必要がある」と回答している企業は五〇・四％と半数を超えている。

この対構造が常態化することで、男女で異なる職務や職位にある「性別職務分離」が形成される。これもまた女性管理職登用の一つの具体的な阻害要因である。

男性従業員は経営や人事などの管理部門に多く配置される一方で、女性の多くは短期雇用が成立しうる販売部門や会計事務部門といった業務に従事する構図である。これは「水平的職務分離[*11]」とも呼ばれている。また、性別による職務階層の違いも指摘されている。男性の多くが上位職位に就き、職務上の大きな権限を得てキャリアを形成していくのに対し、女性は、下位資格者が従事する二次的・補助的な職務に就くことが多い。この状態は「垂直的職務分離[*12]」と呼ばれている。

②人事評価の仕組みと労働時間

長時間労働の浸透は、人事評価にも影響を及ぼす。

日本企業には、個々人の職務内容が曖昧で、必要とされる能力や知識、スキル、業務の責任範囲が体系化されていない状況がいまだみられる。そのようななかで人事評価が行なわれると、労働時間の長さが評価基準にされる傾向があり、適正さや公平さを欠く評価となってしまう。このため、育児・介護等の家庭責任を担う女性たちが、時間制約のなかで仮に業績をあげても適正に評価されないということが起こりうる。

そして、結果的に家庭責任を担わず長時間労働に従事できる女性従業員だけが管理職昇級・昇格の対象となるのだ。言い換えれば、時間制約を抱える女性の管理職登用を推進するには、性別にかかわらず個々人の能力や成果を評価する人事考課制度の構築が必要なのである。

③雇用形態の区分化と多層化

雇用区分の多層化もまた、温存された日本的雇用慣行の現われで、女性管理職登用を阻害する要因である。

コース別雇用管理制度を導入している企業の雇用形態は、「総合職」と「一般職」をベースに、「中間職」「専門職」「現業職」なども設けられている。最近では、「準総合職」や「地域限定総合職」など仕事内容を限定し、転居を伴う転勤を抑えたりする新しい職制も登場し、正規従業員内の多層化が定着してきた。

そしてこのようなコース別雇用管理制度において総合職に採用される比率は、男性のほうが高い。企業の採用という入り口で、すでに男性従業員が基幹的業務を担って管理職へと昇進・昇格できる仕組みができており、これも女性管理職登用が進まない要因となっている。一般職の女性が管理職へと昇進するチャンスとして、一般職から総合職へのコース転換を実施している企業もあるが、その比率はわずかなものにすぎないのである。

では、次世代の女性管理職候補となる大学卒の総合職女性に期待できるだろうか。

厚生労働省（二〇一四年度）によると、コース別雇用管理制度を導入している企業において総合職として入社する大卒女性の割合は二割未満であり、新卒女性の正規従業員採用そのものが縮小傾向にある。また、社内人員構成比でみると賃金水準が低い二〇代に大卒女性が多い。大卒男性との平均賃金格差がこの二五年間、一向に縮小しないのは、こうした理由からである。

加えて、総合職大卒として同じような学歴で就職し同一企業に勤める男性と女性の賃金差は、入社当初は小さいものの、三〇代、四〇代と歳を重ねるにつれ、拡大する傾向がある。[*13] 大卒女性の就業継続率が高卒に比べ高くなく、したがって、大卒男性との間に勤続年数にも開きが出て職階が上がらないためと考えられる。しかも、近年、離職後の既婚総合職女性は、母親として子どもの教育に時間と労力をかけることが多く、フルタイムの労働市場に戻らない傾向にある。[*14] 上場企業の正規従業員の中途採用市場が狭い日本では、希望する仕事に就ける可能性が少なく、これが離職した大卒女性の再就職を妨げることに影響を及ぼしている。

雇用形態も、派遣従業員、嘱託、パートなども加わり多様化している。とりわけ、一九七五年前後から労働者派遣が急増し、派遣労働者数は二〇一四年には約一二七万人にも達する。そのうちの過半数が女性である。派遣従業員はパート従業員と同様に、キャリアパスもなく、昇進・昇格は望めない。

④男女間の賃金格差

日本企業の給与体系は、もともと長期勤続者で家族を扶養する男性を基準としている。これに対して女性の賃金は、M字型就労を前提にしたものであり、一時的、短期的就労で、男性総合職の補助的・二次的な職務として配置されることが多いため、必然的に低賃金となる。すなわちM

図表1◆男女の賃金格差の要素分解

賃金格差の要素	数値
雇用形態の構成比の男女差	35.8
フルタイム・正規雇用内の男女格差	51.8
フルタイム・非正規雇用内の男女格差	4.1
パート・正規雇用内の男女格差	0.2
パート・非正規雇用内の男女格差	4.4
就業者の年齢分布の男女差	3.7

出所：山口一男（2009）『ワークライフバランス　実証と政策提言』日本経済新聞出版社、154頁

字型就労に象徴される就業構造が男女間に賃金格差を引き起こし、多くの女性は、一時的かつ副次的な安上がりの働き手として固定されてしまうのだ。

男女間の賃金格差は、女性の場合、雇用形態がパート・非正規雇用が多いことが影響しているが、雇用形態以上に、フルタイム・正規雇用内における男女間の賃金格差が大きな要因となっている（図表1）。一般労働者における男女間の賃金格差の第一の要因は男女の職階差で、第二が勤続年数の違いである（図表2）。

人事評価が労働時間に依存しがちであることも、時間制約のある女性の昇給には不利に働く。こうした男女の賃金格差が歴然としてあると、たとえ共働きであっても、女性が育児を担ってキャリアアップを諦めることにつながり、あるいは仕事そのものをやめることでM字型就労の再生産がもたらされる。

⑤女性従業員の昇進意欲

日本的雇用慣行が温存されてきたことから派生する問題として、女性従業員自身の働くことへの意識や意欲がある。企業内外の環境とは無関係に、昇給・昇格に関心がない女性が一定程度存在するこ

図表２◆一般労働者の男女間賃金格差の要因

要因	男女間賃金格差		男女間格差縮小の程度
	調整前①	調整後②	②−①
勤続年数	70.6	75.8	5.2
職　　階	73.0	82.3	9.3
年　　齢	70.6	71.8	1.2
学　　歴		71.3	0.7
労働時間		71.9	1.3
企業規模		71.3	0.7
産　　業		67.5	−3.1

出所：平成25年版男女共同参画白書

とは確かである。

21世紀職業財団が二〇一五年に女性従業員の昇進への意欲に関する調査を実施した結果、四四・七％が「管理職になりたくない」「あまり管理職になりたくない」と答え、二三・八％が「管理職になりたい気持ちとなりたくない気持ちが混在している」としている。「なりたくない」理由としては、「家庭との両立がむずかしくなるから」が五九・〇％ともっとも多く、次いで「責任が重くなるから」と「管理職としてやっていく自信がないから」が五一・二％で並び、「長時間労働になるから」が四一・〇％であった。日本生産性本部が実施した「コア人材としての女性社員育成に関する調査」（二〇一四年）でも、女性活躍を推進する阻害要因が「女性の意識」にあるとする企業の割合が八一・五％にのぼる。

このような、女性の昇進意欲が低いとする調査結果は、現在の企業内外の環境、すなわち、社会の価値観やこれを反映した社会的な制度、そして企業内部の価値観と諸制度に影響を受けている部分が大きいと考えられる。

例えば、総合職同士の夫婦の場合でも、一般に、夫のほうが昇進・昇格のチャンスが大きい。また、それに伴い収入が妻より多くなると賃金格差も広がるため、どうしても夫の仕事、より直接的には夫の昇格が優先され、妻のキャリアアップは後回しとなる傾向にある。また、仕事と育児の両立支援として、仕事を免除する制度が女性を育児に専念させ、仕事やキャリア形成から遠ざけるものとなっていることがある。

企業側からのアプローチによって女性の意識を変え、管理職登用への道を拓くことは十分可能なのである。

4. 日本的雇用慣行からの脱却 ―ジェンダー・ダイバーシティ・マネジメント

(1) 新しい経営手法「ジェンダー・ダイバーシティ・マネジメント」

では、どのようにしたら女性管理職登用に道を拓くことができるのだろうか。

わが国において女性管理職の登用を推進するには、それを妨げてきた大きな要因である日本的雇用慣行を変える必要がある。日本的雇用慣行を変える新しい経営は、「ジェンダー・ダイバーシティ・マネジメント」である。

ジェンダー・ダイバーシティ・マネジメントとは、従業員の多様性、なかでも、これまで活かされてこなかった女性人材を登用して意思決定のパワーバランスを変え、組織を変革し、生産性を向上させ、価値創造性を高めていこうとする経営手法である。

ジェンダー・ダイバーシティ・マネジメントの先駆けであるアメリカの企業が女性の管理職登用に本腰を入れたのが、一九八〇年代後半から一九九〇年代にかけてである。その背景には、アフリカ系やアジア系、ヒスパニック系等の移民が増加し、労働市場における白人男性だけでは人材確保が困難になったことである。企業の競争力を維持するため、女性をはじめ少数民族、移民、マイノリティーといった多様な人材を組織に取り込まなければ企業の持続的発展が望めなかったのである。この多様な人材活用の考えがベースにあって、アメリカでの女性の管理職・役員登用が促進されていった。[*15]

一方、ドイツのグローバル企業は、一九七〇年代半ば以降、急速な工業化により労働力が不足し、労働の質的変化などへ対応するため、女性の労働力を必要とするようになったのだ。近年では企業の競争力を高めるには、ジェンダー・ダイバーシティ・マネジメントが不可欠であると認識されている。[*16]

これに対して、従来の日本企業では、すでに欧米において開発された商品・サービスを改良してキャッチアップすることをめざし、画一的な商品の効率的な大量生産が重視されたことから、多様性を導入する必要はなかった。しかし、キャッチアップが終了し、国内市場の成熟化が一段と進むなか、生活者視点に立った新たな需要を掘り起こし、マーケットの多様な顧客ニーズに応えるためには、ジェンダー・ダイバーシティ・マネジメントの導入が必須となっている。

　また、多様な能力や個性、ライフスタイルを有する女性人材が企業組織の構成員となれば、従来のタテ型の階層的組織がヨコ型のフラットな組織になる可能性が高い。女性の企業組織への参画は、新たな商品・サービスの開発に貢献するだけでなく、組織の危機管理力を高めるなど、企業業績に好影響を与える。

　さらに、多様化が進めば異なる価値観を柔軟に受容する新たな企業内文化が醸成されることになる。これはグローバル展開に大きく貢献し、各国の環境に応じた企業の社会的役割と責任を形成することにもつながるはずである。女性の経営参画は、企業の社会的責任（ＣＳＲ）を重視する今日の社会の期待に応える解決策の一つでもある。また、こうした責任を負いながら、企業活動を持続するうえでは、社会的価値観や倫理観の変化を捉えるためにも複眼的な視点が必要である。この点でも、管理職や役員に女性を中心に多様な人材を参画させることに意義がある。

　ＣＳＲが重視されるに伴って「社会的責任投資（ＳＲＩ）」が拡大する傾向にある。欧州では投資家が企業の価値分析に際し、ＥＳＧ（環境、社会的責任、コーポレート・ガバナンス）要因を組み込むことが求められるなかで、女性の意思決定ボードに占める比率は社会的責任をチェックする指標の一つにもなっている。投資家のなかには女性の管理職・役員登用への取り組みを評価対象にした格付けに基づく「社会的責任投資」を意識的に拡大する者も現れるなど、女性の経営参画は企業投資に新しいビジネスチャンスをも切り拓くことになった。グローバル展開する日本上場企業にとっても、女性の管理職・役員登用は安定した資金調達にも寄与するなど、有効な経営戦略にもなる。

①女性管理職登用施策としてのダイバーシティ

アメリカの先進企業は経済のグローバル化の進展のもと、一九九〇年代後半には国際競争力を高めるため人材の多様性を組織活力にする新しい企業経営である「ダイバーシティ・マネジメント」へと転換をはかった。

有村貞則[*17]は、Cox and Blakeの研究を通して、ダイバーシティ・マネジメントが競争優位に働く点として次の六つをあげている。

第一に、組織が多様化するに伴い、従業員をうまく統合できなければコストは増大する。この問題を解決できる企業は、そうでない企業よりもコスト優位となる。第二に、女性や民族的マイノリティーが活躍できる企業としてイメージが向上することにより、優れた人材が採用・確保できる。第三に、多国籍で多様な人材がマーケティングに参画することにより、業務が改善できる。第四に、多様な人材によるイノベーションが新たな価値ある商品を生み出す。第五に、多様な価値観をもった従業員が意見をぶつけ合うことにより、レベルの高い問題解決が期待できる。第六では、多様な人材が働く多文化な組織は、柔軟で環境の変化に反応しやすくなるとしている。

ダイバーシティ・マネジメントが日本でも注目されるようになったのは、日本テキサス・インスツルメンツや日本モトローラなど外資系の経営者が、女性人材が活かされていない経営に危機感を抱いたことに端を発する。

一九九五年以来、これらの外資系企業はダイバーシティを女性管理職登用施策として導入し、経営手法として管理職に占める女性割合を増加させてきた。こうした外資系企業の取り組みに影響されたことに加え、経済のグローバル化の進展も影響し、徐々にではあるが、日本企業においてもダイバーシティ・マネジメントに関心が寄せられるようになった。

二〇〇〇年には日本経営者団体連盟（日経連）が、「ダイバーシティ・ワーク・ルール研究会」を立ち上げた。同研究会では、これからの日本企業の経営戦略として、「従来から企業組織や社会で主流をなしてきたものとは異なる価値を認め、性別、年齢、国籍など多様な属性を活かすことでビジネス環境の変化に迅速かつ柔軟に対応し利益拡大をはかること」が提唱された。これは、多様な属性、ほかとは違う発想や価値の活用をはかる人事システムの構築が、連続的かつ積極的に推進される必要性を強調した点で刮目に値する。ただ、この時点では企業経営の包括的構造的問題としての女性管理職登用に焦点を当てたものとはなっていなかった。

しかし、二〇〇八年のリーマン・ショックにより深刻な経済停滞状況に見舞われたことで、日本企業は商品開発をはじめとするマーケティングにおいて、これまで活かしきれていなかった多様な人材の能力発揮を顧みるとともに、女性管理職登用の意味を改めて自覚することになったのである。

これを契機に女性管理職登用を推進するダイバーシティへの関心が急速に高まった。二〇一二年、経済同友会は、日本的雇用慣行が国内外の批判を受け、意思決定ボードへの女性登用比率の低さが課題となっていることを会員に喧伝している。そして、ボードメンバーのダイバーシティが、グローバル経営戦略における重要な要素であり、経営者自らが実現すべきテーマであるとして、女性の管理職・役員への登用・活用に向けた行動宣言を行なった。

一方、日本経済団体連合会（経団連）は、二〇一四年二月に「ダイバーシティ・マネジメントセミナー」を開催し、ダイバーシティ・マネジメントは経営手法や経営戦略として重要であり、企業組織の活性化やイノベーションの創出に有効であることを発信している。同年四月、ダイバーシティの取り組みとして好事例となる会員企業約五〇社の女性の役員・管理職登用に関する自主行動計画が経団連ウェブサイト上で公開され、全企業会員一三〇〇社に対して会長名による「女性の役員・管理職登用に関する自主行動計画の策定・掲載のお願い」が通達された。二〇一六年四月末現在、四六四社の自主行動計画がウェブサイトに掲載されている。

組織が持続的な発展を遂げるため、ダイバーシティを競争力の源泉として、多様な価値観、なかでも人口の半数を占める女性を組織に取り込み、権限、地位、重要な仕事を与えるダイバーシティ・マネジメントの有用性が、ここにきてようやく明確に認識されたのである。

②女性管理職登用に不可欠なワーク・ライフ・バランス施策

二〇〇七年二月、内閣府男女共同参画会議「仕事と生活の調和（ワーク・ライフ・バランス）に関する専門調査会」は、ワーク・ライフ・バランス（以下、ＷＬＢ）を「老若男女だれもが、仕事、家庭生活、地域生活、個人の自己啓発など、様々な活動について、自ら希望するバランスで展開できる状態」を指すとしている。

一方、企業がWLBを導入した直接の契機となったのは、二〇〇三年の少子化対策を意図した次世代育成支援対策推進法の施行である。同法は企業に対して事業主行動計画[*18]の策定・届出を義務づけた。行動計画の必須項目のなかに仕事と育児の両立支援と長時間労働を削減させる働き方の見直しが取り上げられている。仕事と育児の両立支援を必須とした背景には、第一子出産による女性たちの就業中断により描かれるM字型就労カーブの存在がある。

このようにWLBは、少子化対策を目的にした次世代育成支援対策推進法制定時においては、仕事と育児の両立が中心領域であったが、その後徐々に、企業における経営や生産性向上、長時間労働を削減する働き方・働かせ方、新しいライフスタイルといった観点で企業と従業員双方に深く影響を与えることになる。

今日、日本企業は、国内外の市場環境に応える多様性、創造性のある商品・サービスの開発、時間当たりの生産性の低さを打開する働き方への転換等々に直面しているが、重要な課題になっているのが男性従業員の恒常的な長時間労働の削減である。

企業において女性管理職登用を推進するには女性従業員を対象にした「仕事と育児の両立」支援だけでなく、夫婦で子育てのできる働き方が欠かせない。働く女性の多くも、男性のような働き方に否定的で長時間労働にならない働き方を希望している。

これまでの日本の「女性活躍」政策は、高度経済成長期に形成された男性の長時間労働、女性の短期の一時的労働といった労働環境を放置したまま、男性と同じ長時間労働が可能な一握りの女性総合職のみを対象としていた。しかし、現在では、広く女性人材を活用し、女性の管理職を登用するためには、男性の育児参画、つまり、男女がともにＷＬＢを実現できるような長時間労働の削減が不可欠との認識が鮮明になってきている。

(2) ジェンダー平等を根本に置いたダイバーシティとＷＬＢの同時推進

それでは、女性管理職登用を加速するどのような施策が必要になるのか。

女性管理職登用を推進するための重要な概念として、ジェンダー平等（Gender Equality）、ダイバーシティ、ＷＬＢがあげられる。

ジェンダー平等は、広義には、「男女が自らの意思によって社会のあらゆる分野における活動に参画する機会が確保され、もって男女が平等に政治的、経済的、社会的および文化的利益を享受することができ、かつ、男女双方で家庭も仕事もともに責任を担うべきもの」と定義されている。

雇用におけるジェンダー平等とは、具体的には、ジェンダーの視点で中立的な賃金制度や社会保険制度等が整備され、性別にかかわらず能力や成果を重視した人事評価制度を導入・運用する仕組みがあること、男女ともに管理職登用に向けた人材育成計画が組まれているなど、昇給・昇格の要件が男女同等であることを指す。

男女共同参画社会基本法が制定された一九九九年には、共働き世帯が片働き世帯を上回り、二〇一一年では、共働き世帯の一部で夫婦間の所得格差がなくなってきたこともあって、男性の家事・育児参画が進む家庭内ジェンダー平等現象も認められる。*19

ジェンダー平等という社会的価値観は、社会の分業構造の変化を反映しており、家事や育児の社会化・外注化や機械化によって、女性と男性が社会的・経済的活動といった自己実現の機会を平等に与えられなければ成立しない。その形成は、男女の雇用および企業文化の醸成にまで影響を及ぼすものであり、ジェンダー平等を企業文化として定着させていくことは、企業にとって性別ばかりでなく、多様な属性を活かすダイバーシティへの発展につながる。

ジェンダー平等が定着すれば、企業は女性をはじめとする多様な人材が参画する組織構成となり、それだけ多種多様な市場ニーズへの対応が可能となる。特に女性の多様な生活体験を活かすことは、差別化した製品・サービスを生み出し、新たな需要の掘り起こしにつながる可能性が高い。男女それぞれが個性を活かし多様なニーズに対応する点で、ジェンダー平等はダイバーシティの概念に通じるものであり、男女という属性はもっとも広範に存在しているものであるから、ジェンダー平等はダイバーシティの入り口として、その実現のための試金石と考えるべきであろう。

ただし、女性が企業の意思決定にかかわるポジションに就かなければ、多様な人材を活かした製品・サービスの企画・開発にはつながりにくい。ワークとライフとの両立にあたり、家庭において家事や育児を夫とシェアできなければ、結果として女性の職場でのキャリアップは困難になる。女性が企業の意思決定にかかわるポジションに登用されるには夫の家事・育児参画など家庭内のジェンダー平等を推し進めなくてはならないのである。

したがって、ジェンダー平等とは、ダイバーシティとWLBに通底するものであり、両者の概念と結びついてはじめて実質的な意味をもつ。つまり、ジェンダー平等は、ダイバーシティとWLBの二つの根本にある概念として捉えることができる。

企業の競争優位をもたらすという点で重なり合うダイバーシティとWLBだが、取り組む対象課題と施策が異なり、どちらかが欠けても、付加価値のある商品・サービスを生み出せる競争優位な企業組織にすることはできない。

例えば、ダイバーシティ施策だけを講じても、恒常的な長時間労働は削減できない。長時間労働の職場では子育て女性の就業継続はむずかしく、出産後の育児を前に退職する可能性が高くなってしまう。また、WLB施策のみを充実させた場合、女性は仕事と育児との両立は果たせても、キャリア形成ができず、女性管理職の登用は進まない。

女性管理職登用を加速するにはダイバーシティとWLBの両者の取り組みが欠かせないのだ。ダイバーシティとWLBを組み合わせたデュアル・アプローチによる女性管理職登用が、それを加速する道筋といえる。

II

資生堂における
女性管理職登用の取り組み

なぜ本書で資生堂を取り上げたのか。それは第一に、資生堂が、日本企業共通の課題となっている「女性管理職登用」の阻害要因を取り除くために必要な「プロセス・イノベーション」として、ジェンダー・ダイバーシティ施策とＷＬＢ施策を組み合わせて成果をあげたロールモデルだからである。第二に、日本政府の女性活躍政策が欧米と比較すると遅れており、法律整備も不十分ななか、資生堂はいち早く、時代の変化に対応し創業者の理念を深化させ新たなグランドデザインを掲げて経営計画を策定、実践してきた。以来、一企業でありながらも個別企業の成果にとどまらず、女性の活躍推進、管理職登用を主導してきたリーディングカンパニーだからである。

資生堂は創業期から男女雇用機会均等法制定を経て今日に至るまでの一四四年、働く女性の先駆けとして会社をあげて女性たちの活躍を牽引してきた。この背景には社員の約八割が女性であるという特有の社員構成により、女性の能力発揮いかんで業績が大きく左右されるだけに、国の政策やどの業界よりも先行して、女性管理職登用への取り組みを実践しなければならないという内側の事情も働いた。

それでは、男女雇用機会均等法以降、女性活躍推進法施行に至る資生堂の女性管理職登用は、どのように基礎固めがなされ、発展、成熟してきたのか、その具体的な取り組みとはどのようなものなのか。本編では、資生堂が女性管理職登用に向けて、その時々の状況や課題に対しいかなる施策を打ち出したのか、取り組みの実状、成果と課題を詳細に記すものであり、系統性と発展性をもつ革新的なプロセスとして特徴づけられる足跡を明らかにする。

第 1 章

プロセス・イノベーションのはじまり

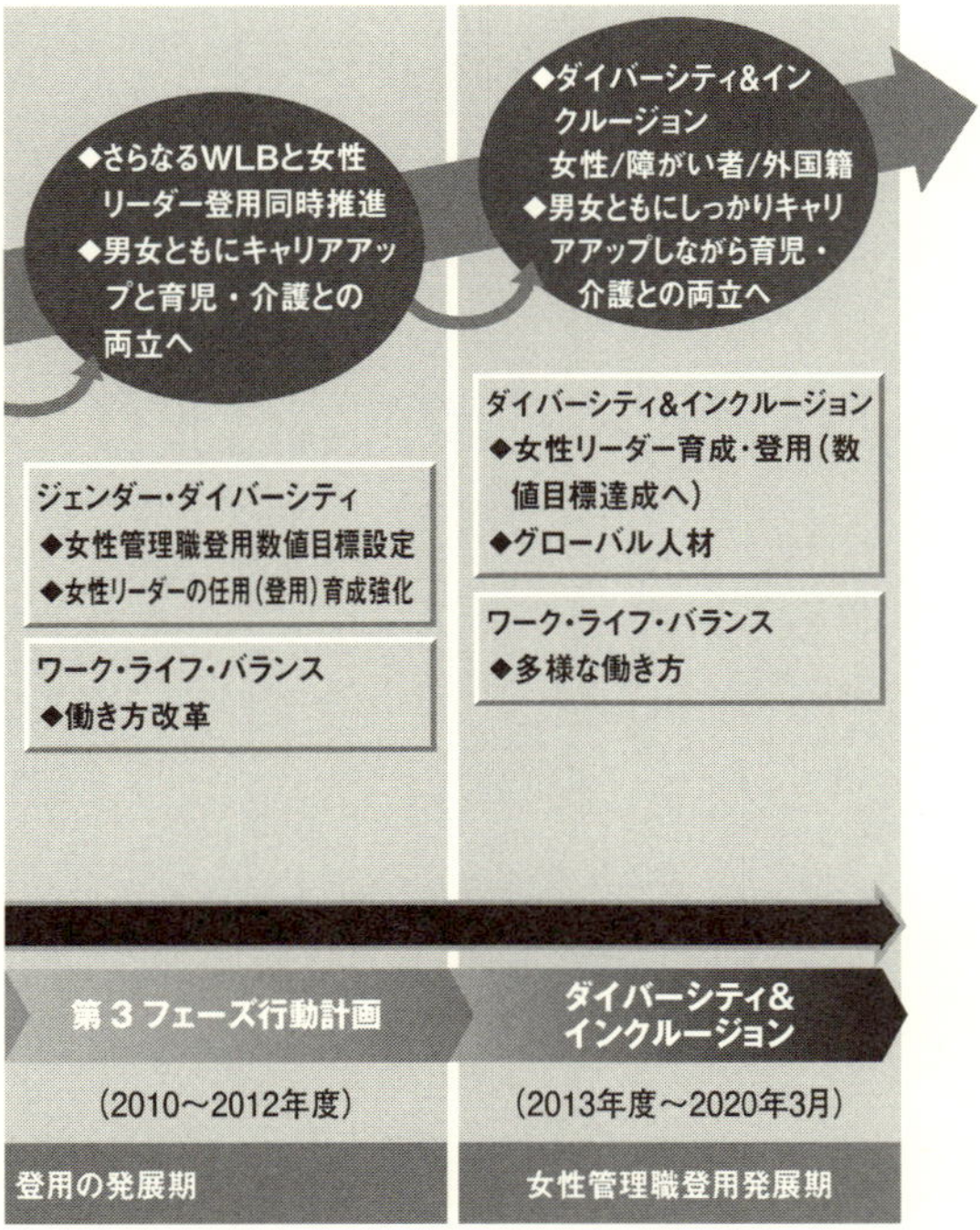

資生堂の女性管理職登用の取り組みは、一九八七年から今日に至る約三〇年間に及び、女性管理職登用の「胎動期」（一九八七～一九九六年度）、「基礎固め期」（一九九七～二〇〇四年度）、「発展期」（二〇〇五～二〇一二年度）、「成熟期」（二〇一三年度～二〇二〇年三月）に分類できる（図表3）。とりわけ二〇〇五年度から始まった第一次から第三次にも及ぶ「男女共同参画アクションプラン」の立案・実施により女性管理職登用比率が高まり、経営パフォーマンスも改善してきている。

図表 3 ◆資生堂の女性活躍推進（1987年 4 月～2016年 3 月）

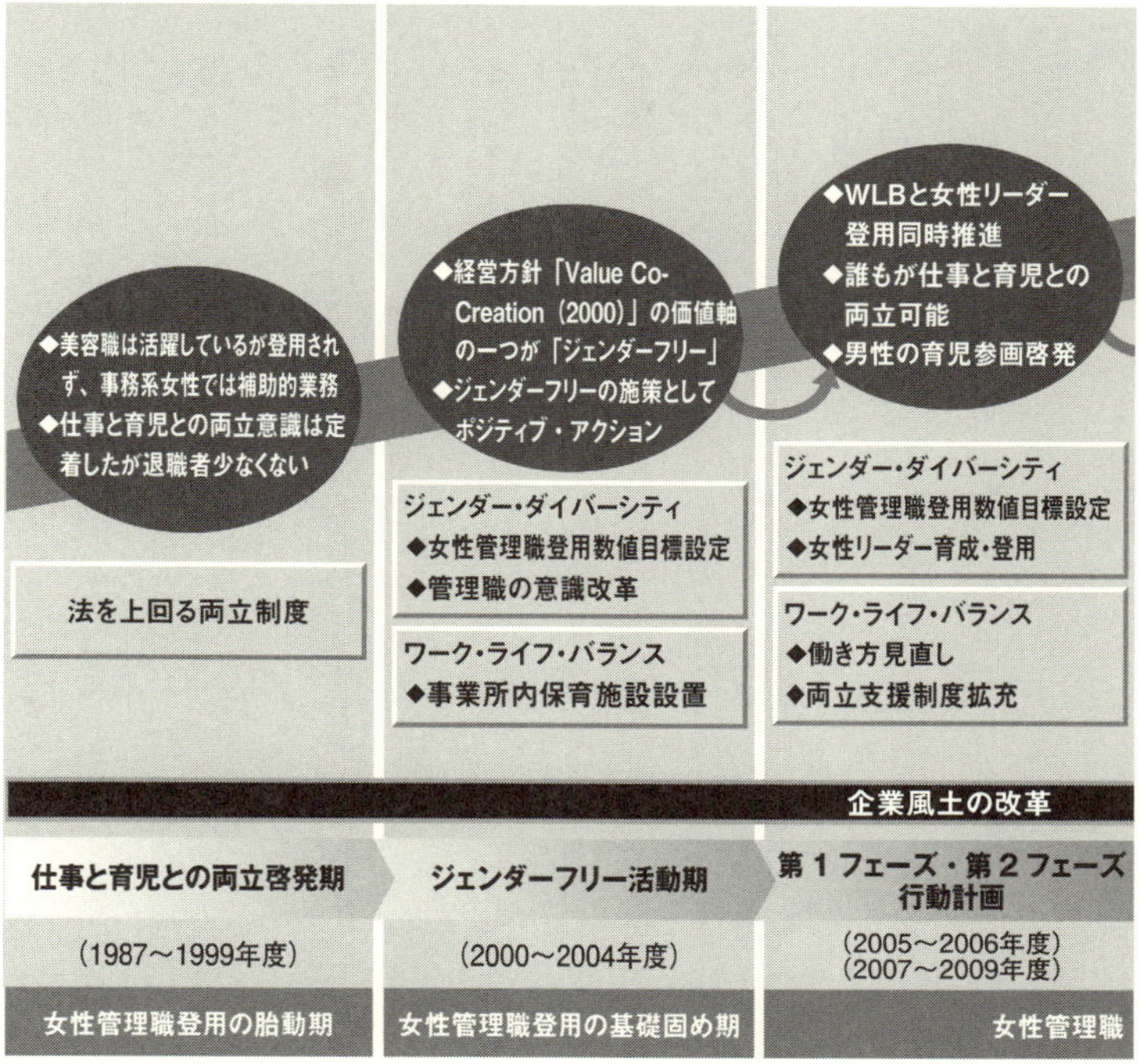

出所：筆者作成

本章では、女性管理職登用の実質的導入事例を紹介する前に、同社が創業時より長年にわたって女性の能力発揮や継続就労を支援してきた歴史的、企業文化的なバックボーンを掘り下げたい。これにより、資生堂の女性管理職登用の足跡をより深く理解することができる。

1．創業期の経営者が推進した女性の登用

(1)　創業者　福原有信の「働く女性」観

一八六五年（慶応元年）、幕府医学所に入所した福原有信は、漢方でなく西洋薬学を学んだのち、海軍病院薬局長に就いた。有信は、民間企業の活力を活かし、自らの手により高品質な薬品を供給したいという意思を抱いていた。当時、市場には粗悪な薬品が出回っていたことから、官職を辞し、一八七二年（明治五年）、銀座出雲町一六番地に、日本初の医薬分業洋風調剤薬局、資生堂薬局を創業した。

明治初期は、学制が敷かれて近代学校教育が始まったものの、男尊女卑の思想が根強く残り、「婦女子には教育は不要」という風潮が強かった。そんな時代にあっても創業者福原有信は、妻・徳に同薬局の経営を任せ、徳もまた、これに応えるべく、製薬会社の免許を得るなど能力を発揮し、男女協働を実践したのである。

薬局経営が軌道に乗ると、有信は一八八八年（明治二一年）に日本の生命保険会社の草分けとなった帝国生命保険会社（のちの朝日生命）を創立して常勤理事員に就任、翌年には薬剤師制度が規定されたことを契機に設立された「日本薬剤師会」初代会長の職に就くなど、活動の幅を広げていった。

この明治中期から末期にかけては、電話交換手、日本銀行女子従業員、鉄道省出札係といった女性に開かれた職業が短期間のうちに急増した時期でもある。ただ、その範囲はきわめて限られていた。女性には参政権もなく、また、家父長制のもと、男女の性別役割分業を前提とする良妻賢母主義が色濃かった当時の社会環境を考えると、これは当然のことだったのだろう。

しかし、一八九三年（明治二六年）、帝国生命社長に就任した有信は自ら新たな職域を開拓して女性事務職員を多数採用するなど、積極的に女性登用の機会を創出した。女性の採用に関して『社況月報』（一九〇四年（明治三七年）七月）には次のようなコメントを残している。

「見よ欧米諸国にありては、女子もまた男子と等しく銀行会社その他の職務に従事し、自らの生活の困難に打ち勝つにあらずや。我が国に於いても早晩、女子を立たしむるに至るべきや明にして、我会社が率先女子を採用するもこの趣旨に他ならざるなり」

このように、福原有信は女性が働くことについて非常に開明的な考えの持ち主だった。女性の社会進出に関して逆風下であっても、社会通念や価値観にとらわれることなく、自らの責任において女性を採用することで、女性の職業を開拓していったのである。

(2)　初代社長 福原信三の信念「男女すべからく働くべし」

創業者から受け継いだ資生堂スピリットは、一九二七年（昭和二年）に株式会社資生堂の初代社長に就任した福原信三によって継承され、さらに深みのある「資生堂スタイル」へと昇華されていく。

有信の三男である信三は、一九〇六年（明治三九年）に千葉医専を卒業、一九〇八年（明治四一年）に渡米し、コロンビア大学薬学部を卒業している。帰国後、一九一六年（大正五年）に有信から事業を引き継ぎ、資生堂の経営者として薬局から化粧品部門を分離独立させ、モダンな煉瓦造り三階建ての建物として注目された「資生堂化粧品部」を開店した。資生堂の本格的な化粧品事業はここから始まる。

そして一九二二年（大正一一年）三月には、「美容科」「美髪科（現在の美容室に該当）」「子ども服科」を開業した。このうち美容科は、専門医と専属の看護婦を常駐させ、皮膚障害の相談・治療に応じるなど、個人による美容院開設とは大きく異なる、企業による組織的な取り組みだった。また美髪科の運営にあたっては、ニューヨーク在住のアメリカ人女性美容家ヘレン・グロスマンを美髪科主任として招聘し、彼女の助手を務める一七歳から二一歳までの一〇名の女性たちが「女練習生」として募集・採用された。しかもその給料は、当時の高学歴者である旧制中学校卒業者の初任給に相当するほどの好条件だった。それは、単なる優遇措置ではなく、従来の「髪結い」とは異なる、新たな専門技術を習得しようという彼女らへの期待の現われである。

2.「女性が働くことに意味を認める」企業文化

(1)「ミス・シセイドウ」の登場

さらに、化粧品の販売実績から潜在的需要が見込まれたことから、一九三三年（昭和八年）には、美容法を普及するための本格的な専属スタッフとして、「ミス・シセイドウ」の採用が決定された。その採用に際して、留学とその直後の体験からアメリカでの見聞を持ち合わせていた信三は「男女すべからく働くべし」との言葉を残している。この発言こそ、その後一貫して、「女性が働くことに大きな意味を認める」資生堂の企業文化の底流となっている。

昭和恐慌後の混乱期にもかかわらず、店頭で顧客と対面で美容相談に応じる美容職「ミス・シセイドウ」を大見出しの新聞広告に掲載して募集した。この広告をみて応募した女性はおおよそ二五〇名。そのなかから九名の女性が選ばれ、一九三四年（昭和九年）、ミス・シセイドウの第一期生が、日本の化粧品業界における新たな専門的職業人として登場した。

ミス・シセイドウには、幅広い知識と教養を身につけるための七ヵ月間もの長期間にわたる徹底した教育研修が施された。この教育研修の講師を務めたのが、自らもマネキンガールを経験した駒井玲子と美容家の近藤秀子である。技術主任の近藤秀子が美顔術、美爪術などの美容技術を教授し、駒井玲子が、接客マナー、セールストークなどの教育にあたった。

こうした指導は、その後発展する資生堂式美容法の基点となっている。その研修内容は、絵画に色彩学、声学から服飾、香粧品科学、皮膚科学、生理衛生そして販売知識までと多岐に及び、絵画には画伯を、生理学などには社外の専門家である博士を招聘するなど、本格的な教授陣が講義を受け持ち、さらに社長の福原信三はじめ社内の専門家による特別講義も行なわれている。こうしたカリキュラムからは、ミス・シセイドウの養成が会社あげての意欲的な取り組みだったことがうかがえる。

時代に先駆けて会社をあげての教育訓練を施したミス・シセイドウに続き、一九三八年（昭和一三年）には化粧品を販売する「セールスガール」の採用と教育を開始した。以降、顧客の美容相談に応じ、美容の処方箋を書く業務をミス・シセイドウが担い、それを受けてミス・シセイドウとセールスガールが販売にあたるという、二人三脚の活動が全国の店舗で展開されていった。

ミス・シセイドウは一九三七年（昭和一二年）第四期まで続いたが、戦時に突入したことを受けて、その呼び名が「美容部員」という一般的呼称に変わり、新規採用はいったん幕を閉じた。

一方、同年一一月、銀座資生堂美容室が改装され、「資生堂美容部」が開部されている。美容部長に就いたのは、ニューヨークのマリネロ美容学校で教鞭をとっていた美容専門家の小幡恵津子である。戦時下で社会が停滞しているにもかかわらず、働く女性を真に信頼し仕事を任せる思い切った人事がなされた。

一九四八年（昭和二三年）三月には、戦後復活第一期「ミス・シセイドウ」が六名採用された。養成教育期間は一ヵ月で、彼女たちを指導したのは、戦前のミス・シセイドウ第一期生の渡辺千代子である。渡辺は、美容部長の小幡の復帰が遅れているなか、美容活動再開の先頭に立った。また、同年五月には「セールスガール」が全国の販売会社で採用され、渡辺はセールスガールに対しても、販売学、接客法、製品開発、美容術の講習にあたっている。

(2)「女性一生の職業」を自覚する女性たちの登場

一九五四年（昭和二九年）に小幡の後を引き継ぎ、二代目の美容部長に就任したのが、のちにタレント、参議院議員として活躍する藤原あきである。藤原は、欧米視察の際に化粧品メーカーの美容職が年配者であることに感心し、帰国後、次のように述べている。

「資生堂の美容職は、二～三年の錬磨を経て、ようやく一人前の職業人としてゆけるだけになったと思うと、たちまち職を捨てて、結婚にゴールインしてしまうのは、実に残念、このうえもないことなのです。（中略）いかなる職業でも、一年、二年とその仕事に馴れ親しんでいって、はじめて仕事に対する愛情も湧いてくるのではないでしょうか。（中略）こう考えてくると、どうしても若い女性の結婚までの足場としての職業に終始するか、女性の一生の職業として考え直すか、という問題が残ります」

この藤原の見識は、初代社長信三の「男女すべからく働くべし」と相通じるものである。女性一生の仕事として就業継続まで踏み込んだ、その先見性には驚かされる。

(3)　美容部員の大量採用と人材育成

日本の高度経済成長に伴う化粧品の需要に応じて、資生堂は美容部員の大量採用を決定し、一九六〇年（昭和三五年）に一三〇〇名の美容部員を採用、翌一九六一年には約三〇〇〇名と倍増させ、やがて六〇〇〇名を超える体制にしようとする増員計画が立案された。大量採用に伴い、その実施方法、新採用の美容部員の制服や備品の調達はもちろんのこと、美容部員教育や販売会社の管理体制、そして資金的裏づけ等々、課題は多岐にわたった。

化粧品の売り上げは、美容部員による顧客との一対一の対面販売により増加するため、当然のことながら企業としては優秀人材の確保に力を入れることになる。美容部員の採用活動においては当初、全国にある比較的レベルの高い高等学校に通学している成績の良い女子高生を募集対象としていた。しかし、化粧品の量産が進むにつれ、学校を限定せず、広く一般の女性を対象に志望者を集めるようになっていく。当時、新卒に限定せず、既卒でしかも子どものいる既婚女性であっても資生堂美容部員として相応しい人材であれば採用したことは、特筆すべきである。

こうした採用人事と並行して、一九六〇年と一九六一年の二年次にわたって、全国にある販売会社で活躍していた美容部員を選抜し、本社に異動させる抜擢人事が行なわれた。その目的の一つが、都市部でのデモンストレーションの担当者として仕事を任せることである。また、一般の美容部員の活動レベルを引き上げ平準化するためのマニュアルを作成できる人材を確保することも目的としていた。このような、美容部員を教育的立場に就くことを可能にする人材開発のありが、資生堂の美容部員たちの活躍の土台を創っていったのである。

(4)　海外市場を開拓した美容部員

一九五五年（昭和三〇年）、日本経済が戦後復興を終えて高度成長期に入ると、日本企業の海外進出も始まる。資生堂も例外ではなく、一九五七年（昭和三二年）の台湾資生堂設立を皮切りにハワイ、そしてニューヨークを拠点に全米、カナダ、そしてフランス、イタリアなどヨーロッパへと広がりをみせた。中国も例外ではない。

この資生堂の海外進出においても、美容部員たちは博覧会での美容実技の披露や、セールスプロモーションの展開など、大きな役割を果たした。一九六二年（昭和三七年）、香港大丸の開店に伴い誕生した資生堂化粧品販売売場に立ったのは、のちに資生堂二人目の女性役員となる、美容部員永嶋久子である。当初は三ヵ月の予定で赴いた香港をスタートラインに、以降二七年間、ハワイ、バンコク、ニューヨークなど、資生堂が他国へ進出するたびに派遣され、最終的に永嶋の派遣先は世界三四ヵ国に及んでいる。

資生堂の系譜には、対面販売を進める化粧品販売の現場で女性の力を信頼して仕事を任せる者とそれに応える働く者たちの協働の姿があったともいえる。こうしたスタイルを維持し、海外派遣を果敢に進めた企業は、当時、資生堂以外に見当たらない。前述の永嶋に先立ち、男女雇用機会均等法が成立した一九八五年（昭和六〇年）に、山内志津子が資生堂初の女性取締役に登用されたのも、こうした姿勢が販売の前線で働く多くの美容部員の著しい成長・活躍を促したからにほかならない。

3. 女性の活躍を下支えする人事戦略

一九七〇年代から男女雇用機会均等法が施行される一九八六年（昭和六一年）まで、資生堂の女性人材にかかわる人事方針は、主に理科系の四年制大学卒の女性を研究職として毎年少人数採用することにあった。事務系は不定期で、しかも主に縁故によるわずかな人数しか採用していない。

当時、売り上げは右肩上がりを続けて、人材教育や消費者対応などがそれに見合ったものとはなっておらず、本社機能を充実させるという課題が顕在化していた。そのため、販売会社で活躍する、意欲的な美容部員を本社の責任ある基幹的なポジションに抜擢し、人材の養成をはかることが人事方針とされた。抜擢人事は、高度成長期の美容部員の大量採用と時期を同じくして開始され、男女雇用機会均等法施行後の一九九〇年に導入された「選択型人材育成制度」[20]まで約三〇年間、毎年のように行なわれ、資生堂の女性の活躍を下支えしていくことになる。

抜擢された女性たちは、美容・販売の現場から離れて組織の中核である販売・美容施策を策定する部門や商品開発部門のほか、推進販売部や広報、さらには消費者対応部署等々、基幹的な業務を担う様々な部署に配属された。そして、彼女たちが実績を積み上げていくに従って、資生堂の女性の活躍は、本社レベルでの活躍という新しい段階を迎えることとなる。

本社機能を支える基幹業務でも実績を残す女性たちの活躍は、後述するように一九八七年の福原義春社長の経営改革からはじまり、二〇〇〇年を転機とするジェンダーフリー活動の定着に継承され、二〇〇五年以降、女性管理職登用の発展期といえるほどに本格化していった。

以上のように、創業期から男女雇用機会均等法施行までの資生堂の女性の活躍は、一〇〇年を超える大きなくくりのなかで確立された美容部員の活躍とともに醸成されていったと捉えることができる。その積み重ねがあって、ようやくそれ以降における資生堂の女性管理職登用への端緒が拓かれたのである。

第2章 ［女性管理職登用の胎動期］

女性管理職登用のグランドデザイン

一九八七年、第一〇代社長に就任した福原義春（二〇一六年三月現在、資生堂名誉会長）は、一九八七年から一九九六年にかけて経営改革を断行した。当時は取引先の店頭や倉庫に過剰な流通在庫を抱えるという高度経済成長期の惰性が続き、販売第一線から活力が失われていたことから、「流通在庫大幅削減・利益半減」を決断し講じられたもので、一九八八年に社長を委員長とする経営改革委員会とその直属の推進専任組織として経営改革室を設置し、改革はスタートした。

当時、資生堂の組織体制は、風通しの悪い官僚主義と大企業特有の「終身雇用、正社員、男性中心」の就労モデルにとらわれ、活力低下に陥っていた。これを打破するためには、「上から下へ」と命令を伝える官僚的なピラミッド型のライン組織から、経営層と社員が直接つながり、互いに意見を述べ合える風通しのよい、フラットな組織へと変革することが必要であった。その地ならしとして「役職呼称の廃止（「さんづけ」運動）」が展開されたほか、事務職女性の制服を廃止し「個」を活かす「服装の自由化」などが矢継ぎ早に導入された。

特にさんづけ運動には、組織編成上、非常に大きな意図があった。理由は三つある。第一に、社長でも一社員でも一人の人間としては同格であることを示す。第二に、課長、部長というようなタテ組織特有の階層が存在すると、その都度決まった段階を踏まないと意思決定ができず、スピードと柔軟性に欠けた組織になりやすい。第三に、組織のリーダーに求められるのは人間力であって、肩書きではない。さんづけ運動とは、このようなコミュニケーション上の垣根を取り払い、男女社員それぞれの個人の力を最大限引き出すフラットな組織づくりを推進するという、経営改革の本質にかかわるものだったのだ。

(1)　経営改革と女性管理職登用のコミットメント

フラットな組織づくりの眼目は、女性の管理能力を活かすことによる組織活性化にあった。福原社長がこうした考えをもつに至ったのは、一九六六年から一九六八年に資生堂アメリカ社長在任中、高い管理能力をもって業績をあげているアメリカの女性たちを目の当たりにした実体験による。福原社長はのちに資生堂における女性の管理職登用、そのための女性に対する管理職育成の必要性を次のように語っている。

「ニューヨーク女性広告協会の総会に出席し講演をした折に、彼女たちがいかに有能であるかを、身をもって知った。デパートの化粧品バイヤーの多くは女性だった。そればかりか、副社長級、のちには社長のポストも女性が担うようになった。私が三年間アメリカに勤務している間に女性秘書が三人代わったが、彼女たちの力がいかに大きかったか。それなくして私の仕事は半分もできなかったと思う。私はこの時代に女性の能力に対する信頼を高めた。帰国して日本の社会をみても、我が社の現状をみても、女性の地位は低すぎるではないか。人事部の説明によると、これまで女性社員には管理職教育もしていないので、女性自身の管理能力に問題があるのではないかという。それではいつまでたっても女性の能力を活かせない。そう考えて思い切って女性の登用と、将来に備えて女性にも男性と同じような管理職教育を適用することとした*21」

また、福原社長は、日仏文化交流をはじめ多様な国際的な体験を持ち合わせていたことから政治、経済、文化などあらゆるシーンで女性の参画を促す世界の潮流を早くから肌で感じていた。そこで、一九八七年の社長就任早々、経営者として資生堂の女性管理職登用をコミットメントする意思を明らかにしている。それは、「多くの女性は入社以来、男性並みの能力開発や昇進の機会が少なくハンディを背負っていたにもかかわらず、いまや突然、男性並みの能力と包容力を期待されている。それだけにこのような歪みのある世代を一日も早く通過させることも経営者としての責任ではないか[*22]」という内容だった。

この意思の強さを証明するように、資生堂初の女性取締役山内志津子に続く二人目の女性取締役に永嶋久子を登用し、さらに早川祥子コミュニケーションセンター所長をはじめ女性の部長・課長の登用が推し進められた。そのあとに続く資生堂の女性管理職登用の始まりがここにある。

また、こうしたコミットメントは、初代社長福原信三の「男女すべからく働くべし」の創業者精神にはじまり、大正期・昭和初期に新たな専門領域を創出したミス・シセイドウ、続いて戦後では、「美容部員たちの仕事は女性一生の仕事」と説き、美容部長、美容学校長等を歴任した藤原あき等の意思を引き継いでいることはいうまでもない。

(2)　ダイバーシティとWLBを謳う新たな企業理念

福原社長の経営改革は、当初、経営危機対策の色合いが濃いものだった。しかし、本来意図したものは、企業の競争力を高めて経営パフォーマンスを向上させる経営戦略であり、男性を中心とした組織に女性を登用することでパワーバランスを変え、新たな価値を創造するという、奇しくも今日でいうダイバーシティ経営をめざすものである。一九八九年、福原社長は行動規範の一つに日本的経営と異なる価値観である「社員一人ひとりの独創性と多様性（ダイバーシティ）」を明文化した。

一九九〇年代に入ると、バブル崩壊を契機に混迷した社会経済のなかで根本的に企業のあり方が問われるようになる。これを象徴するように企業の社会的・文化的貢献を表わすメセナやフィランソロピーといった、日本社会ではこれまでになかった新しい言葉が登場する。

福原社長は、そのようななかで、これまでの日本的経営にはみられなかった多元的な価値観に基づく経営を標榜し、経済目標と非経済目標という二つの大きな柱の設定が企業経営には不可欠であると提唱した。

すなわち「その非経済目標のなかには経営理念とともに文化もあり、教育もあり、その他の、諸々の価値の実現が含まれなければならない」[*23]とし、経営者は、①社員には、働く機会を与えながら個々人の自己実現を重視し、多様な人材（ダイバーシティ）の価値を企業のなかに組み込んで経済価値とバランスさせ、②消費者には、商品の供給と品質に責任を負い、③社会に対しては、社会的存在としての企業の非経済的価値の実現を求められる、としている。ダイバーシティ経営はすでに重要な価値軸として包含されていたわけである。

(3)　二一世紀を展望したグランドデザインを発表

一九九一年二月には、資生堂の今後を展望した「グランドデザイン」が発表され、二一世紀の資生堂がめざす会社像として、以下の四つのポイントが掲げられた。

①未来に向かって「勢い」のある会社
②自由に、自主的に秩序を形成できる会社
③情報が共有され、ビビッドに動く会社
④仕事と生活の両面を通じて、自己実現できる会社

特に④は、明らかに女性のキャリア形成に不可欠なＷＬＢの根幹をなす考え方である。また、こうしたグランドデザインの俯瞰図のもとに、これをブレークダウンして具体化をはかるため、その下位規範として、一九九七年に資生堂の行動宣言「THE SHISEIDO WAY」が制定された。この規範は「お客さまとともに」「取引先とともに」「株主とともに」「社員とともに」「社会とともに」という五つの項目から構成され、資生堂が各ステークホルダーとどのような関係性を築きたいかが表現されている。

このうち「社員とともに」の項目は、「社員一人ひとりの独創性と多様性が、わたしたちの財産です。その能力の限りない飛躍と活動を応援し、公正に評価します。そして社員のゆとりと豊かさの充実に努め、ともに成長していくことを目指します」と書かれている。そして、この

WAY実現の企業倫理・行動基準を記した「THE SHISEIDO CODE」の第四章には、「私たちは、職場のすべての人たちが生きいきと働けるように、互いを思いやり、それぞれの考え方や立場を尊重します」とある。これが、「女性も男性も、ともに〝自分らしさ〟を発揮できる職場をめざす」という、資生堂のジェンダーフリーな職場風土の醸成へとつながっていくのである。

(4) 仕事と育児・介護の両立を可能とする職場環境整備

一九九一年当時、資生堂のグランドデザインにはWLBという言葉こそ使われていないが、仕事と生活の両立という、今日でいうWLBの概念そのものが早くも掲げられていた。福原社長はその考えに則り、社長在任中、女性管理職登用に不可欠な仕事と育児・介護の両立支援制度および柔軟で働きやすい職場環境整備に関する次のような制度を矢継ぎ早に導入している。

もちろん、育児・介護休業制度の導入それ自体は、法律により義務化されている部分があり、資生堂独自のものではない。しかし、資生堂の制度には、仕事と育児・介護の両立を支援することはもちろん、育児・介護で退職するよりも育児休業や介護休業をとりながら就業を継続したほうが採用・育成コストがかからず、会社にとって有益であるとする考えが働いていた。

【法律を上回る育児休業制度】　一九九〇年

育児休業法の施行（一九九二年四月）に先立って導入された資生堂の育児休業制度は、子どもが最長満三歳になるまでを限度に男女社員本人が希望する期間の休業を認めるという、法律[*24]（子どもが一歳になるまで休業できる）を上回る制度である。また、第二子出産により二回以上休業する場合は通算で五年までとした。さらに、育児休業をすでに五年間取得している社員が、次の子どもの出産により休業を希望する場合は、その子どもが満一歳になるまで育休が取得できる。この制度が女性社員に活用されたことにより、出産後も継続就労できるようになった。

【男性や契約社員も利用できる育児時間制度】一九九一年

育児時間制度は、子どもが満三歳未満まで、男女社員が一日二時間以内の範囲で勤務時間を短縮できる手厚いものである。この期間、勤務短縮時間は無給となるが、子どもが満一歳になるまでの間は、一日一時間分は有給となる。妊娠中の女性社員にも、この制度は適用される。

【手厚い介護休業制度・介護時間制度】一九九三年

一九九五年六月の介護にかかわる法律（育児休業、介護休業等育児又は家族介護を行う労働者の福祉に関する法律）の施行に先立ち、資生堂では一九九三年に国の育児・介護休業法に定められた九三日以内を大幅に上回る手厚い介護休業制度を導入している。

正社員向けの介護休業制度は、要介護状態にある一人の親族につき、常時介護を必要とする状態ごとに、最長通算で三年まで回数制限はなく、一回一年以内であれば、男女社員本人が希望する期間の休業を認めるものである。契約社員については、一人の親族について、最長通算で九三日まで回数制限はなく、男女とも本人が希望する期間の休業を認めるもので、これは法律と同等である。

介護休業中は、社員も有期契約社員も無給だが、雇用保険から休業開始賃金月額の四〇％相当額が最長三ヵ月間支給される。加えて、会社から社員に対しては介護休業開始から一ヵ月を経過した時点で固定月収（業績評価を除く資格給等基本給）の一ヵ月相当額（六ヵ月を経過した時点で固定月収の五〇％相当額）の「介護見舞金」が支給される。

介護時間制度（勤務時間短縮）は、一日につき二時間まで、通算三年までとし、短縮した時間分は無給である。

日本的雇用慣行のもとにある職場では、正規男性社員の長時間労働が恒常的となる一方で、既婚女性は家庭、特に育児との両立がむずかしく、その多くは離職している。しかし、時代の変化とともに成長モデルが変容したことから、経営視点からもこれまでの男性社員だけを対象とした年功的賃金や昇給・昇格の仕組みのあり方、男性社員が生活を犠牲にするような働き方などをマイナスと捉えるようになった。福原社長による経営改革期には、こうした環境を改めるためにも、両立支援にとどまらず、柔軟で働きやすい職場づくりをめざし、仕事と生活を両立させる制度、すなわちＷＬＢ制度が導入された（各制度の概要は、導入当時のもの）。

【フレックス・タイム制度】一九八八年

一ヵ月間の総労働時間を定め、その範囲内で毎日の始業・終業時刻を自主的に決める制度である。ただし、一日のなかで「コアタイム」と呼ぶ一定時間帯を設け、この時間帯は、全員が勤務しなければならない。この制度では、社員一人ひとりがコアタイムの前後の時間を自由に設定して、毎日の始業・終業時刻を決めることになる。もちろん、基本的には責任ある仕事が優先であって、自分のプライベートな事情を優先して決定するものではない。この制度は、本社およびリサーチセンターで実施された。

【裁量労働制度】一九九四年

時間管理を一切しない、通常の所定労働時間制度にとらわれずに働くことのできる制度である。研究職の仕事の特殊性を考慮して、リサーチセンターのSⅢ資格（一般社員の三段階に分かれる資格の最上位）に位置する研究員を中心に、この制度が実施された。

【フレックスデー制度、営業担当のみなし労働時間制度】一九九四年

資生堂販売会社勤務の営業担当は、得意先との関係上、自社の都合だけで労働時間や休日を決められないケースも多いが、「フレックスデー制度」では、会社の休日とは無関係に勤務日と休日を決めることができる。「みなし労働時間制度」は、オフィス外での業務が多く勤務時間の算定がむずかしい場合、実際の勤務時間の長短にかかわらず所定労働時間を働いたとみなすものである。

【年次有給休暇積立再利用内規】一九九〇年

二年間の有効期間が過ぎて無効になった年次有給休暇（以下、年休）を別途積み立て、自分の病気や家族の介護などで長期に休まざるをえなくなったときに、使用できる制度である。積立休暇日数の上限は六〇日としている。

【リフレッシュ休暇制度】一九九〇年
通常の年休とは別に勤続一〇年ごとにリフレッシュ休暇を与え、さらに二〇年と三〇年勤続に対しては旅行券を贈呈することとした。
【連続休暇制度】一九九一年
有給休暇（月～金）五日間とその前後の公休（土・日）四日間を合わせる連続休暇を年に一度取得できる。
【ソーシャル・スタディーズ・デー制度】一九九三年
対象となるのは、ボランティア活動のほか、ドナー登録や提供、献血活動、社会活動に役立つ資格・技術・知識の習得、地域社会との交流、社会問題に関する研究・観察・学習等々と幅広く、一般の「ボランティア休暇制度」を一歩進めた内容になっており、資生堂社員それぞれが、WLBを実現する契機にもなる点で大きな意味を有していた。

(5) 柔軟で働きやすい職場環境の推進

以上のように、福原経営改革における女性管理職登用のコミットメントは、言葉だけでなく取締役や部長・課長に女性を登用する実質的な成果を生み出し、資生堂における経営や管理職に女性を参画させる端緒を拓いた。同時に、育児や介護で就業を中断させることなく、女性社員にキャリア形成を可能にする仕事と育児・介護との両立支援制度を導入し、長時間労働削減を意識した柔軟で働きやすい職場環境を早期に推し進めた。

男性重用の企業組織のなかに女性管理職を登用するにはダイバーシティとＷＬＢのどちらも欠かすことはできない。福原社長の経営改革は、結果的にダイバーシティとＷＬＢの両施策を車の両輪として推進したものであり、資生堂の女性人材の登用を促す取り組みに向けた貴重な準備期間となった。加えて、これを単に女性管理職の登用を推進する枠組みづくりに終わらせず、組織をあげて継続的に取り組むことによって、その後に続く女性管理職登用の胎動期となったのである。

第3章 ［女性管理職登用の基礎固め期］

ジェンダーフリーへの挑戦

1．固定的性別役割分担意識の現状

(1)　ジェンダーフリーをめぐる葛藤

福原社長のコミットメントの特徴は、女性を管理職に登用することで多様性を活力にするダイバーシティ施策と仕事と育児の両立支援施策とを車の両輪とするスキームを確立したことにある。しかし、女性管理職登用推進の枠組みはできたものの、企業の経営計画の一環として推進体制を整備した取り組みにはなっていなかった。これを推し進めることになったのが、その後はじまったジェンダーフリー活動である。

ジェンダーフリーは一九九七年、経営トップによる経営会議で確認されて以降、全社的な活動として取り組まれることとなった。その活動プロセスは一九九七年から三年間に渡るジェンダーフリーをめぐる葛藤期にあたる助走期間と、二〇〇〇年からこれを超えて経営改革として本格運転したジェンダーフリー推進期間とに分けられる。それぞれの活動がいかに女性管理職登用における阻害要因の改善に影響を与えたかをみてみたい。

①根強い「固定的性別役割分担意識」の存在

一九九七年当時、資生堂の一部部署では依然として「お茶くみ」が女性の仕事として存在していた。ほかにも「電話の取次ぎ」、男性社員の補助業務としての「コピーとり」などが慣例となっていた。これは、固定的性別役割分担意識の現われといえるだろう。

他方で、当時アメリカでは男性の美容職が多くみられたのに対して、日本の美容職は女性に限られていたことから、これを「性別職務分離」と指摘できる。女性の美容職が多様な業態に派遣されたことに比べると、男性の美容職は応募自体が少ないうえ、メーキャップアーチストとして役割が限られていたため、募集数に限界があったのは事実である。しかし、それ以上に大きく影響していたのが、伝統的価値観をもった男性管理職が「美容職は女性向きの仕事」「男性は家族を養う存在。美容職の給料で家族は養えないから男性の採用は控えるべき」と主張し続けるなど、いわゆる性別職務分離が根強かった点である。

「男性だから」という理由だけで男性社員には美容職への道が拓かれなかったことは、女性だから「お茶くみ」をする慣習と、性別で役割を固定している点で同じ意識のうちにあるといえよう。

こうした意識を変革するため、ジェンダーフリーに関する実態の把握を目的に一九九八年、全国の社員を対象にした第一回目のステークホルダー指標「社員の意識調査[*25]」が実施された。

社員の意識調査の結果をみると、第一に、「雑用やお茶くみは女性に向いている」「責任ある仕事は女性に荷が重い」「男性向き」「女性向き」の仕事がある」と考える社員が男女ともに三割を超えていた。第二に、女性社員自身も、持ち合わせた固定的性別役割分担意識で自己規制し、「女性だから、この程度の仕事をしていればいい」「女性は補助的業務でよい」と思い込んでいる層が二割あり、成長することに意欲を示さない者も少なくなかった。第三に、「女性は補助業務でよい」という考え方をもつ男性管理職も三割存在していた。

つまり、一九九八年当時は資生堂にあっても日本的雇用慣行の象徴ともいえる固定的性別役割分担意識が根強く存在していたわけである。

②性別で異なる人事制度とその運用、処遇

また、人事制度とその運用、処遇に対する意識をみると、第一に、「人事評価において性別による差別がない」という項目の評価では、男性の四〇％、女性は五一％が否定的だった。その差は一一％と、人事部の予想よりも男女差は少なかったが、これは調査対象に、男性が圧倒的に多い工場と八割以上も女性で占められている販売会社が含まれていたため、男女の比較評価が適正になされなかったことによる。これらを除けば被差別感を抱く女性の割合が相当高かったと考えられる。

第二に、職務内容やコースが男女同一なのに、男性と比較して女性全般の昇給・昇格スピードが遅く、公正に処遇されていないと感じている女性が多数いた。他方、男性からは、「総合職でも女性だけは早く本社に戻れるが、自分たちは地方の販売会社へと転勤を繰り返すばかりで本社に戻れないのは不公平だ」という声が寄せられた。

第三に、当時の認定基準では女性が世帯主になれないため、「世帯手当」が女性には支給されないことへの不平等感が強い。加えて、世帯手当とは別に男性だけに支給される「家族手当」は、給与に含まれるだけでなく、賞与の算定基準にも加えられていたことから、男性に比べ女性の賃金が低くなることに対し不満の声も出ていた。

これは資生堂に限ったことではなく、日本的雇用慣行のもとにある企業全般にいえたことだが、女性の総合職が業績目標を達成して高い業績をあげてA評価をとり、男性の総合職が業績目標未達によるB評価であっても、男性にだけ支給される世帯手当と家族手当を加えると、最終的には男性の給与・賞与の額面が高くなるという事態が生じる。

第四に、異動により幅広い業務を経験して昇格・昇進した総合職女性に対し、事業所限定職にある女性の大半は、「評価や昇格・昇進の面で被差別感」を抱いていた。総合職のように転居の伴う異動はしたくないが、昇進が望めないことは不満だという声が多く聞こえてきた。

こうした様々な声は、後述するとおり二〇〇〇年から開始されたジェンダーフリー活動の具体的施策であるポジティブ・アクションによって解消されていった。

③低い女性管理職比率への社員の反応

社員の意識調査を実施した当時、女性管理職の少なさがどのように受けとめられていたのか。それは、調査の際、男女双方から出た具体的な指摘からもうかがい知ることができる。

【女性社員の声】

◆女性が管理職に昇格できる率は一〇〇人に一人だが、男性は四人に一人は確実だ。この差はどこからきているのか

◆一万人を超える女性社員に対し、管理職に登用されている女性が一〇〇人未満（一九九八年当時）は少なすぎる
◆女性管理職割合が少ない。取締役については、女性が一名だけというのは公平な評価なのか
◆女性管理職割合が少ないうえに、目標となる先輩も少ない。女性は男性並み以上に働かないと管理職になれず、男性の管理職は仕事のみで育児と両立している人がいないため、男女双方とも管理職のロールモデルにはならない

【男性社員の声】
◆当社社員の男性比率が三割にも満たないのに対し、管理職に占める男性比率が九五％以上にも達しているのは男性優遇だ
◆管理職の男女比率が乖離しすぎていて、中立の視点でこの数値をみると女性に不利だ
◆女性管理職への育成がなされていない。特に事業所限定職（一般職コース）の女性は異動もなく同じ部署にいて何年も同じ業務しか担っていない
◆男性である自分からみても、女性の管理職が非常に少ない。株主総会や外部からも指摘されているではないか

当時、他企業に先駆けて女性管理職登用と両立支援に取り組んでいた資生堂にあっても、なお根深い固定的性別役割分担意識が残り、性別や職種で異なる人事評価・処遇が存在していた。結局、女性管理職の比率もきわめて少ない状態のままだったのである。

④固定的性別役割分担としての「暗黙的職務契約」

お茶くみは、取り立てていうほどのこともないと感じるかもしれないが、実は根深い男女差別の代表例といえる。なぜなら、一般的にお茶くみは就業規則や契約時の職務内容に含まれない。つまり、職務外労働あるいは契約外労働にあたる。もちろん、コピーとりや電話の取次ぎは事務職では明確な仕事だが、職務外に該当するお茶くみが事業所限定職だけでなく、男性と同じ総合職コースの女性にも習慣化されていたことが問題なのである。

もちろん、こうした事例を含め、チームの助け合いや先輩が後輩を指導するといった職務以外の仕事が、日本的組織のなかでは円滑な職場運営につながるというメリットもある。しかし、曖昧な契約関係と固定的性別役割分担意識という社会的価値観が結びついた弊害として、お茶くみなどが女性のみの暗黙的な職務となっているとすれば、やはりそれは改善されるべき課題である。

(2)　日本的雇用慣行を変革するジェンダーフリー

①なぜジェンダーフリーを掲げるのか

福原社長の経営改革は、日本的雇用慣行の変革につながるダイバーシティ、仕事と育児・介護の両立支援および男性の長時間労働を意識した柔軟な働き方といったＷＬＢ施策を推進してきた。しかし、二一世紀に入り、さらに女性管理職登用を持続的な成果につなげていくには、経営改革で実践されてきた日本的雇用慣行の変革に組織的に取り組む必要性が生まれた。また、一九九七年の「THE SHISEIDO CODE」は、組織をあげて性別役割の解消に取り組むことをはじめ、職場における差別の禁止が謳われるなど、ジェンダーフリー活動を通した女性管理職登用への道筋を示唆するものであった。それにもかかわらず、二〇〇〇年当時の資生堂には、まだ性別や職種で異なる人事評価・処遇が存在しており、化粧品会社でありながら女性の管理職比率がきわめて低かった。このようにジェンダー不平等な状況にあったことは否定できない。

ジェンダー平等とはほど遠い実態が判明した以上、THE SHISEIDO CODEとの乖離を埋め、男女ともに能力が発揮できる職場環境整備に向けた、具体的な活動を展開することが必要であった。しかも、それは現状の取り組みの延長線上にあるものでなく、積極的に女性の管理職登用を促す具体的な施策でなくてはならない。この推進策の立案・実施・検証が、資生堂のいうジェンダーフリー活動である。これを具体化した取り組みがポジティブ・アクションであり、ジェンダー・ダイバーシティ施策である。

二〇〇〇年当時、資生堂国内グループ全社員の七一・六％が女性で占められ、しかも、顧客の九割以上が女性であった。これら多くの女性社員が、「買い手」や「使い手」としての当事者感覚を活かして商品・サービスの開発に加われば、同業他社に比べ競争優位となり、事業拡大に与える影響が大きいことはいうまでもない。

また、当時の資生堂には社員の男女別年齢構成に偏りがあり、これを是正していく長期的人事計画の策定にも迫られていた。団塊の世代を中心とする五〇代の男性が、男性全体の約四割を占めていたことから、彼らが六〇歳の定年を迎える一〇年後に、女性がその後を支える社員構成の中心になると予測できた。この年齢構成の推移からみえてきたことは、長期的視野に立ってそれなりの年月をかけて、女性のキャリア形成や人材育成に取り組む必要性であった。差し迫ったときになって人材育成をしようとしても手遅れになってしまうからである。

このような実情から、女性が管理職として活躍できる土台づくりとなるジェンダーフリー活動が急がれたのである。

②取り組みへの抵抗を推進へと転換させる試み

一九九九年、人事部の有志によって、「女性エンパワーメント二〇〇〇」と呼ばれるプロジェクトが立ち上げられた。これは、「女性管理職の登用は隗よりはじめよ」というスタンスに立つもので、人事部内において参加メンバーを募って設置された自発性の強いプロジェクトである。

筆者を含めジェンダーフリーに賛同した男女の管理職と一般社員数人が参画したこのプロジェクトでは、まず次の二点の目標を掲げた。第一に、社内には固定的性別役割分担意識が存在せず、人事制度とその運用にも男女に差がないと主張する男性管理職に対して、実際ジェンダー不平等はあり、それが女性管理職登用を阻害する要因であることを認識してもらう。第二に、女性管理職登用に必要な方策をとりまとめ、意思決定の場である経営会議に提案する原案を策定する。

「女性エンパワーメント二〇〇〇」の活動開始から半年後の二〇〇〇年一月、ジェンダー不平等な人事制度の運用実態が把握でき、ジェンダーフリー活動に一定の説得力が備わったことから、その専任体制を設置することについて、経営トップによる了承が得られた。これに伴い、自発的なプロジェクトに代わって、「ジェンダーフリー推進事務局」が人事部内の公式の組織として設置された。この体制確立が、ジェンダーフリー活動に対する抵抗を超え、その推進へと転換するエポックを画するものとなった。

ただし、これをもって資生堂の女性管理職登用が可能になったわけではなく、解決すべき課題が山積していた。まず、女性管理職登用を妨げている日本的雇用慣行を見直すという考え方自体には賛成であっても、採用から教育・研修、配置、昇給・昇格にかかわる人事制度・施策の革新にまで踏み込んで女性管理職登用を実現させることには、なお強い反対があった。

ジェンダーフリー推進事務局の設立時、女性管理職が増えれば、その数だけ男性が管理職の椅子に座れなくなる。つまり、限られた管理職ポストを奪い合い、女性が得をすれば男性が損をする「ゼロ・サム社会」の構造のもとでは、これは「女性優遇策」であるという反対意見が社内の複数の男性から寄せられた。

こうした男性にヒアリングしてわかったことは、その大半が「管理職には妻子を養う片働き男性が登用されるべき」とする固定的性別役割分担意識をもっていたことである。彼らは、妻子を養うための「稼得役割責任意識」が強く、これに応えるため、管理職に登用されることを目標に日々残業をいとわず働いてきた部分が大きい。その自負が強いだけにジェンダーフリーや女性管理職登用という〝変革〟を受容しきれなかった事情が働いていたといえる。

2. 経営改革としてのジェンダーフリーへの取り組み

(1) ジェンダーフリー推進体制の確立と目標の明確化

根強い固定的性別役割分担意識が存在し、性別で異なる人事考課制度が設計・運用されており、それが女性管理職登用を阻害する一因となっている。

ジェンダーフリー活動を本格展開しはじめた二〇〇〇年の時点で、こうした課題を明確にできた。それを解決しつつ、資生堂のあらゆる組織にジェンダーフリーを定着させていくためには「ジェンダーフリー推進事務局」だけでは不十分であり、強力なリーダーシップが必要になってきた。また、固定的性別役割分担の意識変革は、日本企業を取り巻く社会環境とこれまでの慣行を断ち切るための構造改革を意味し、企業経営のイノベーションになるものといえる。それゆえ、全社的な取り組みが要請されたのである。

全社的な取り組みに向けて、ジェンダーフリー推進事務局は、ジェンダーフリーを組織活動とするために、その目的を明確化するとともに、具体的施策を設定した。

① 「ジェンダーフリー委員会」を新設

ジェンダーフリーをめぐる社内での葛藤と対立を超えて、意思決定の場である経営会議において、五つのポジティブ・アクション施策、なかでも女性管理職の育成・登用を段階的に実現していくことが、経営改革の長期目標として承認された。また、二〇〇〇年一二月にはこれと軌を一にして経営方針として打ち出された「Value Co-Creation 2000」の四つの価値軸*26の一つとして「ジェンダーフリー」が掲げられている。つまり、組織をあげてジェンダー平等な企業文化を醸成し、女性管理職の登用を推進することが決定されたのである。

二〇〇〇年は、おりしも、資生堂が男女雇用機会均等推進企業として労働大臣努力賞を受賞した年でもある。受賞の背景には、ジェンダーフリーの専任体制をつくるとともに、女性管理職登用目標を経営計画のなかに明示し、これを五年間かけて実現しようという計画立案に対する期待と評価があった。こうした外部からの評価も活動の機運を高め、国内の事業所すべてにおいて成果が出せるよう、影響力をもつ組織体の確立が求められるようになった。そして、二〇〇一年一〇月、経営会議での決定を受けて経営トップの清水重夫副社長（当時）を委員長とする「ジェンダーフリー委員会」が、資生堂グループの政策委員会の一つとして新設されたのである。

その目的は、事務局が提案した目標に沿って経営改革としてのジェンダーフリー活動を進めて、資生堂国内グループ社員全員に定着させることである。当面の目標は、数値目標を定めて女性管理職比率を引き上げていくことにあった。

この委員会は、役員と一般社員の男女委員合計三〇名、男女比率各五〇％で構成され、各事業所・部門の代表が参画する全社横断型の本格的な推進組織である。運営はジェンダーフリー推進事務局が担当した。事業所・部門の横断的組織の代表はそれぞれのラインとつながっているため、ジェンダーフリー委員会と各事業所・部門の組織現場との相互のやりとりが可能になる。さらに、副社長が委員長を務めることから、意思決定もスピーディーである。現場からの生の声はジェンダーフリー委員会で議論され、そこで決定した事項は、各委員が所属する事業所に持ち帰り、社員にフィードバックする。

このように、当該委員会は、ジェンダーフリー活動を全社的に理解、定着させる仕組みとなっていった。

委員会は、二期二年（第一期は二〇〇一年一〇月から二〇〇二年九月まで、第二期は二〇〇二年一〇月から二〇〇三年九月まで）の間、合計九回開催された。

経営トップがリーダーシップを発揮することはガバナンスに欠かせない。しかし、それが独断専行に陥らない規則や制度設計もまた、ガバナンスには不可欠である。ジェンダーフリー委員会は、経営トップを委員長に、男女を同等な構成員として男女同数の委員からなる全社的横断組織であり、資生堂のガバナンスの原型を具体化した組織となっている。現場の声を経営トップに届け、経営トップが現場に検討結果を戻す仕組みとなっている点では、資生堂のジェンダーフリー活動は、ガバナンスの定義に則ったものともいえる。

②「企業倫理委員会」との連携

前述したTHE SHISEIDO WAYの実現に向け、全社員・組織の行動改革を実行する具体的な取り組みとして、一九九七年に「企業倫理委員会」を設置している。また、企業倫理基準として制定されたTHE SHISEIDO CODEの定着をはかるため、その旗振り役として、職制とは別に全国の事業所・部門から約五〇〇名（二〇〇一年当時）のコードリーダーを選出した。

コードリーダーの活動は、ジェンダーフリー推進にも寄与している。例えば、活動の一つとしている社員との懇談会では、経営方針であるジェンダーフリーがテーマとして選定されている。ジェンダーフリー推進にあたり、コードリーダーが現場の問題などを把握する役割を担えば、全国の事業所・部門の声は定期的に企業倫理委員にも届く。そして、企業倫理委員会によりとりまとめられた現場の声がジェンダーフリー委員会と共有されることにより、ジェンダー平等の全社的定着はさらに進むことになったのである。

このようにジェンダーフリーの社内定着に向けたガバナンスの体制を強化したうえで、企業倫理委員会とジェンダーフリー委員会が連携して、以下の取り組みを実施した。

【仕事面での取り組み】
◆男女がパートナーシップを組んで仕事を進め、成果のあがる職場づくり
◆セクシュアル・ハラスメントの防止
◆ポジティブ・アクションによる女性リーダーの育成
◆男性管理職を対象にしたジェンダーフリー研修の実施
◆倫理委員自身が率先してのジェンダーフリーへの取り組み

【処遇面での取り組み】

◆調査したうえで、本当に男女で処遇が異なる場合は人事部に対し改善要求を提出

◆実態の収集と確認した状況の共有化

◆各部門・事業所の女性管理職の割合の注視と、人事部からの定期的なヒアリング

◆女性社員の管理職への積極的な登用

◆各部門へ人材育成と活性化を提言

◆全社的な見地から女性社員の活躍の場の拡大推進

以上のようなジェンダーフリー活動により固定的性別役割分担意識の解消や性別職務分離の見直しなどがみられ、女性管理職登用比率が次第に増加していった。

(2)　ジェンダーフリー施策としてのポジティブ・アクション

①ジェンダーフリーの考え方の定着［第一の施策］

二〇〇〇年から五年間にわたるジェンダーフリー活動では、管理職と社員を対象とした意識改革や人事制度の改訂など、女性管理職の積極的登用に向けたポジティブ・アクションが展開された。その第一の施策として、ジェンダーフリーの考え方を社内の共通の価値観にするため、以下のような取り組みを、それぞれが相乗効果を発揮できるタイミングを選びながら計画的に実施していった。

◆役員および管理職を含む男女社員を対象に、男女とも活躍できる職場づくりのための「ジェンダーフリー研修」を継続開催

◆性別役割分担意識解消の周知・徹底をはかるため、行動指針を掲載した小冊子『ジェンダーフリーＢｏｏｋ』（Ａ４判三三頁）を作成。二〇〇〇年から二〇〇二年まで毎年、計三冊を作成し、国内の全社員に配布（『ジェンダーフリーＢｏｏｋ』には、一九九八年から毎年一回実施されてきた「社内アンケート調査」に寄せられた社員の生の声も継続的に掲載）

◆社員が固定的性別役割分担意識に関する情報共有ができるように社内イントラネット上に「ジェンダーフリー」のホームページを設置

◆ジェンダーフリーの考えを周知・徹底するため、「ジェンダーフリー」の企業内ポスターを作成し、四七都道府県の資生堂の全事業所に掲示

◆二〇〇〇年から男女雇用均等行政や関係機関・団体と連携した。こうした社会的影響力のある社外ネットワークを通してジェンダーフリーにかかわる情報を収集、発信

②女性管理職登用に影響する男性管理職の意識と行動の改革［第二の施策］

第二の施策は、ジェンダーフリーの考え方の定着をはかりつつ、組織マネジメントのキーパーソンである男性管理職の意識と行動を改革することであった。そのため、人事部が主導して部下をもつ男性管理職を対象にした集合研修を実施した。

資生堂は、創立以来積極的に美容職には活躍の場を多く与えてきたものの、人事部門をはじめ

とする管理的業務などに女性を登用するといった踏み込んだものにはなっていなかった。圧倒的に多い女性社員に支えられ、女性顧客を対象にした商品開発を行なっている企業としては消極的だったといえる。

実際、ジェンダーフリーへの転換点となった二〇〇〇年において、男性の管理職（参事）への昇格率[*27]が一一％であるのに対し、女性は三％という低さであった。当時の雇用慣行は、個々の部門・事業所における責任者の推薦がない限り、昇進・昇格できない仕組みであった。つまり、その推薦権限をもっている部門・事業所の責任者の多くに「女性には管理職の役割が果たせない」といった固定的性別役割分担意識が強かったと考えられる。

こうした問題をふまえ、男性管理職対象の集合研修における改善項目には、「能力のある女性には難易度の高い業務を積極的に与えていくこと」「評価基準に照らした公正な評価に努め、女性社員が感じている評価に対する被差別感を払拭すること」「十分な面接等を通して女性社員の評価に対する納得性を高めること」「会議や打ち合わせ等への参画や能力開発の機会を積極的に創り出すこと」があげられていた。

二〇〇二年には、新人事制度導入の際、部下をもつ管理職約一一〇〇人を対象にこれらの項目すべてを網羅する人事評価研修が実施された。

③中堅女性社員の意識改革と管理職育成［第三の施策］

女性管理職比率が低い要因には、男性管理職の意識だけでなく中堅女性社員自身の乏しいキャリア形成意識もあることが「第一回社員調査」でも明らかになっていた。第三の施策は、このような中堅女性自身の意識を改革することにあった。そのために女性管理職登用に向けた研修が実施された。

中堅女性を対象とした女性管理職の育成は、二〇〇〇年に教育・啓発機会として「女性のためのステップアップフォーラム」研修を、国内事業所を対象として開催したことからはじまった。二〇〇〇年は資生堂の女性管理職研修元年ということができる。

このフォーラムは男女雇用機会均等法第八条を活かしたものとなっている。男女雇用機会均等法は性別を理由として差別的取り扱いをすることを原則禁止している。ただし、第八条には、男女労働者間の事実上の格差、例えば管理職に占める女性割合が少ない状況等を解消する目的で「女性のみの研修」または「女性優遇」といった措置をとることは法に違反しない旨が明記されている。つまり、上記の目的で行なう女性のみの研修は男性差別にあたらないのである。

研修の対象者は、総合職と事業所限定職の主事および美容職の主席にある中堅女性社員全員とした。開催にあたり、当初の二年間は本人の意思で応募できるよう公募の形をとり、選抜は行なわなかった。これには応募者全員が受講できるようにするという狙いもあった。

当該研修の主な内容は以下の三点である。

◆中堅女性社員が自らの能力を確認し見直すとともに、今後のキャリア形成に向けて自ら努力目標を設定する

◆先輩女性管理職の経験談を聴講し、女性社員が相互に交流することを通して、将来に見通しをもって働く動機づけをはかる
◆職場のリーダーとなるために必要な知識・スキルを付与する
受講者は二〇〇〇年度二八八名、二〇〇一年度一五二名で、受講資格のある女性社員の約四割に相当する。

実施三年目にあたる二〇〇二年度以降は、管理職への育成・登用に主眼を置いた研修に改変された。したがって、その対象者は在籍する部門・事業所の責任者により推薦され、人事部の選抜によって適任とされた者であり、事業所と人事部とが相互に協力し合って指導にあたるようにした。この「パワーアップ研修」の内容は、マネジメントスキルの開発・向上に焦点を絞ったもので、次のように目的を定めた。
◆マネジメントに必要な知識・スキルを提供する
◆自分の強み、自分らしさを活かしたマネジメントについて考え、自らのビジョンを設定する
◆社内外の先輩管理職の経験談や受講者相互の交流を通じて、管理職に向け意識づける
◆受講者間ネットワークづくりを促す
◆受講者は指名制とし、「パワーアップ研修」受講前後には、マネジメントについて学ぶ通信教育の受講を義務づけ、実践する
当該研修の受講実績は、二〇〇二年度八四名、二〇〇三年度七六名、二〇〇四年度六六名。研

修後も、受講者の直属上司と人事部とが個別フォローを継続的に行なうことで、受講者の成長を促している。

当該研修の最終年にあたる二〇〇四年度には、女性管理職候補者だけのパワーアップにとどまらず、男性の管理職候補者からの要望も受け入れ一緒に研修を受講するなど、目的やプログラム内容も柔軟に変えて効果的に行なわれた。女性管理職登用のための研修は、研修対象者や研修内容を進化させながら、五年間にわたって継続された。

④日本的雇用慣行改革につながる人事制度への改訂［第四の施策］

女性管理職登用には日本的雇用慣行を改革する人事制度の設計と導入が不可欠である。

資生堂においても一九九〇年に導入された「選択型人材育成制度」を大きく見直す必要があった。これが第四の施策である。

一つめの改革として、「総合職コース」と「事業所限定職コース」というコース別区分を二〇〇一年に見直した。これは、「事業所限定職」の九割以上が女性であり、その多くが、むずかしい判断を必要としないデータ入力や伝票整理などの定型業務を担っていることから、「何年経っても職務が変わらず、キャリアについて自分の将来がみえず不安」という声が多数寄せられていたことに起因する。こうした不安を払拭し、昇格への道筋を拓くための布石として、まずは「総合職」と「事業所限定職」を統合して「総合職」（当初は「一般職」とされたが、基幹的業務を担うイメージとは遠いものがあったので、翌年に名称を総合職と変更）とし、その職掌のなかに

「全国コース」「地域コース」「事業所コース」を設定した。

続く第二の改革として、賃金制度改訂に着手した。具体的には「世帯手当」を廃止し、「家族手当」の金額を三分の二まで縮小させ、両手当を賞与算定基礎額から除外した。すでに指摘したように、これらの手当は、男性が支給対象となることが多いうえに賞与の算定基礎額に含まれていたため、ジェンダー平等の視点において不公平感が強かったからである。

さらに三つめの改革として、「処遇と評価」を見直し、年齢が上がれば昇給するという年功序列の賃金要素を廃止し、成果・能力主義に基づくメリハリのある処遇制度へと改訂した（管理職は二〇〇〇年四月、一般社員は二〇〇二年四月に実施）。

⑤女性管理職の育成・登用への取り組み［第五の施策］

二〇〇〇年六月当時、資生堂国内グループ社員の七一・六％を女性が占めていたが、管理職における女性比率はわずか五・三％にすぎなかった。第五の施策の目標はその向上であり、第一から第四の施策のまさに集大成になるものである。

では、現状の低い女性管理職比率をどの程度まで引き上げればいいのか。この目標を設定するにあたり、ジェンダーフリー推進事務局が参考としたのは、企業変革とイノベーションの研究等で知られるアメリカのロザベス・モス・カンター（Kanter, Rosabeth Moss）の理論である。

カンターは組織の管理職集団が男性により多数を占められている場合、その属性集団は「ウチ」意識をもつようになり、少数派の女性管理職を「ソト」にいる対象として「よそ者扱い」するため、結果的に女性管理職は疎外感を感じて被差別意識を抱き、男性管理職群から「特別な存在」として扱われるようになると論じている。特別な存在であると意識せずに活躍できる組織構造として、管理職に占める女性の割合は三〇％は必要と主張している。

しかし、人事部ではカンター理論の三〇％は現状と比較するとハードルが高すぎると判断し、ジェンダーフリー活動が終了する二〇〇四年度における管理職に占める女性比率の目標を二〇％とした。そしてこれを契機に、女性管理職育成・登用に向けての施策が多面的に打ち出されることになったのである。

(3)　ジェンダーフリー活動の成果と課題

当初、女性管理職登用の課題解決に向けたジェンダーフリーをめぐる葛藤を繰り返してきた資生堂だが、二〇〇〇年に入り、これを経営方針の一環として位置づけ、大きく舵を切った。以来、組織の目標として全社的にその定着に努めてきた。

その成果をはかるには二〇〇二年度資生堂ステークホルダー指標「第五回社員調査」(アンケート)結果がメルクマールとなる。そこではジェンダーフリー活動の推進の評価となる「ジェンダーフリーな職場に変化してきた」「少し変化してきた」の合計が、二〇〇一年度は二六・五％だったが、二〇〇二年度には三八・二％と一〇ポイント以上増加した。また、同年度「社員調査」項目の「職場での男女の働き方に関する意識」から、職場の固定的性別役割分担意識に関する問いを取り出してみると、「雑務やお茶くみは女性に向いている」「女性は業務能力よりも気配りが大切」「大事な仕事は女性には荷が重い」は、いずれも「そうは思わない」が七〇～八〇％と多くなっていることからも、この時期、すでに資生堂がジェンダーフリーな職場に変わりつつあったことがわかる。

特に「変化した」という回答が多かった職場は、研究所（五三・五％）と本社（五二・八％）であり、「変化していない」は、男性の多い工場（二〇・九％）と女性の多い美容職（二〇・三％）、その美容職が所属する販売会社（二〇・〇％）で多かった。

変化しない理由を社員調査とヒアリングによって確認したところ、第一に、工場に勤務する男性のジェンダーフリーに対する理解が不十分だったことがわかる。ただし、これは工場では正規社員に圧倒的に男性が多い男性の職域であったためとも考えられる。第二に、工場には仕事の役割は性別で決める慣習が残っていたことがある。「ジェンダーフリーな職場に変化してきたか」について、二〇〇二年度の調査結果をみてみると、「変化していない」「あまり変化していない」の合計が二・九％だったことからもうなずける。第三に、圧倒的に男性が多い工場と女性が八割以上を占める販売会社では固定的性別役割分担意識に気づきにくいことが明らかになった。

この調査は、「女性向き・男性向きの仕事がある」と八〇％近くが感じていて、課題が多いことを示している。ただし、社員調査結果では変化の兆しは認識できても、明確に成果といい切れる項目は多くない。肝心な女性管理職登用の成果はどうなっていたのだろうか。

二〇〇一年一〇月に日本的雇用慣行を変える新人事制度の導入をはじめとして、資生堂は経営改革に着手し、その成果は二〇〇三年頃には数字で確認できるものになった。ジェンダーフリー活動を本格的に推進しはじめた二〇〇〇年の管理職に占める女性の割合は五・三％だったが、二〇〇一年は六・三％、二〇〇二年は八・二％へと年々増加し、二〇〇三年には一〇・〇％へとほぼ倍増している。その後も二〇〇四年一〇・四％、二〇〇五年一一・七％と一貫した増加傾向を示している。

また、ジェンダーフリー活動の成果として女性管理職が一〇％台に増加したことにより、各職場において、以下のような様々な変化が確認できた。

◆広報部門では、新聞とテレビの重要なマスコミ媒体担当は男性、女性は女性紙誌のみ担当だったが、女性も重要なマスコミの媒体を担当することにより、これまで以上に記事掲載数が多くなった

◆伝統ある宣伝部門に所属する商品のデザイナーは男性だけの職種だったが、女性が採用・登用されるようになってからは商品のデザインが多様化し、新たな女性顧客層を取り込んだ

◆取引先の店主の教育研修を担っている推進販売部門のインストラクターに女性が登用されたことにより、研修講座が一層充実した。その結果、店主の研修受講率も高まり、資生堂の化粧品販売に協力するようになった。また、インストラクターに昇進した女性自身もその任務を遂行するため、自己研鑽を重ねるようになっていった

◆化粧品の原材料を調達する購買部門では、原材料を購入するにあたり、購買担当の女性が自分の肌で原材料の品質確認をする等品質向上に貢献した
◆化粧品研究の管理職に女性が登用されてからは、女性研究者が自らの皮膚に化粧品を塗布して使用性や安全性を確認するなど品質向上に役立った

このような変化は、女性管理職の増加が確実に会社のパフォーマンスを向上させたことを示唆しているといっていい。しかしながら、他企業に先駆けて設定していた女性管理職比率の当初目標であった二〇〇二年度一〇％、二〇〇五年度二〇％は達成できなかった。

その原因は、女性管理職登用の主たる阻害要因である恒常的長時間労働に目を向けられなかったからである。ジェンダーフリーやポジティブ・アクションが功を奏しても、夜遅くまで働くことを当たり前とする日本的雇用慣行を変えることはできなかった。男性の長時間労働が続き、行政や民間企業による育児・家事支援などの整備が不足している社会・労働環境では、女性社員の夫の育児参画も進まない。結果として、女性社員だけが仕事と家事・育児の二重負担を抱えることになる。

つまり、仕事と家庭の双方を担っている女性は、管理職に登用されると長時間労働も避けられないとの思いから管理職への昇格には消極的になってしまうのだ。二〇〇五年時点では、これが管理職登用の対象となっている女性社員たちの実情だった。女性たちに覚悟がないというよりは、日本的雇用慣行の構造的要因に問題があったということができるだろう。

第4章 ［女性管理職登用の基礎固め期］

先進的な仕事と育児の両立支援

1. 男女共同参画をめざす仕事と育児の両立支援プログラム

資生堂は福原社長の経営改革の一環として、女性管理職登用を戦略的課題に位置づけると同時に、一九九〇年に法律を上回る仕事と育児・介護の両立支援制度に加え、長時間労働を改善して柔軟な働き方を可能にする施策等を相次いで導入した。その後、一方でジェンダーフリー活動が推進されていた同じ時期に、他方では、福原社長（当時）による仕事と育児の両立支援策を発展させた先進的な仕事と育児の両立支援策が講じられていた。

(1) 女性の発案による育児休業復帰支援プログラムの開発

二〇〇〇年当時、資生堂では育児休業者が年々増加したこともあって職場復帰への不安を訴える声が目立っていた。また、復帰後のスキルの低下や能力を十分に発揮できないなど、これらは女性管理職登用の推進において憂慮すべき課題となっていた。

もっとも、育休取得や職場復帰の問題は、日本の企業全体に指摘されていたことである。厚生労働省の『雇用保険事業年報』によれば、二〇〇二年に育児休業を取得した人数は女性九万八一六四人、男性二九八人である。[*28] 二〇一六年度には二七万人程度になっていることを考えると、出産後に育児休業を取得する人がいかに少なかったかがわかる。少数派ゆえに育児休業中に孤立し、職場への復帰を不安に感じていた人も少なくはなかったはずだ。そして、この状況は資生堂においても例外ではなかった。

このような課題を解決するためには、ＷＬＢにおいて重要な位置を占める仕事と育児の両立支援をさらに強化する必要があった。その一施策として、育児休業者のために資生堂が独自開発したのが、育児休業復帰支援プログラム「ｗｉ《ウィ》ｗｉ《ウィ》ｗ」である。

その開発にあたり、事前に育児休業者三〇〇名から得た声が次のようなものである。

【資生堂の育児休業者の声】

◆育児休業を取得したことにより、昇給・昇格に影響するのではないかと不安
◆育児休業をとっている間、会社の情報が入手できず不安
◆社会や会社から孤立するようで、安心して休業できない
◆自分と同時期に出産・育児を体験している人たちと幅広く情報交換をしたい
◆休業中に、自分の仕事上における知識の遅れやスキルの低下が生じるのではないか心配
◆休業中も、会社の上司とつながっていたい
◆職場復帰後、長時間働くことが慣習となっている職場で育児と両立できるか自信がない
◆職場復帰をした際に、自分の配属や仕事内容がどのようになるか不安

このように育児休業者は、休業中、会社や仕事の情報が得にくく、孤立する傾向がみられ、退

職してしまう者や、復帰しても、育休中に慣習化した育児・家事の抱え込みにより、仕事に対するモチベーションが低下するマミートラックに陥る者もいた。

当時、本社の経営企画室では、こうした育児休業者の声を反映し、課題解決をはかるべく全国の資生堂に勤める育児休業者の誰もが公平に使用できるシステムの構築について検討を重ねていた。これらの声に応えるシステムとして一九九九年、入社二年目の新人である小室淑恵氏[*29]の発案によってwiwiwは誕生した。

wiwiwには次のように「育休をブランクからブラッシュアップする」点に特徴がある。

◆育児休業者が自宅にいながらにして必要な仕事と育児の両立情報が入手できる

◆職場復帰に向けたビジネススキル向上のためのeラーニング講座が受講できる

◆掲示板の設置により同じ会社内で育児休業をとっている人たちと育児や復帰に向けた相談と情報交換ができる

◆育児休業者と職場の上司とが定期的に情報交換できる

◆仕事と育児との両立を実現できる

wiwiwは、インターネットを介して職場復帰する育児休業者がそれぞれの目的を実現できる機能を備えているものであり、資生堂の育児休業者だけでなく、広く企業や自治体等に所属する育児休業者に対象を拡大しうる可能性を持ち合わせていた。さらに育児休業者だけではなく、企業側にとっても優秀な人材の採用や離職防止による人材の長期確保、社員の育児経験を活かした商品開発等々、大きなメリットが期待できた。

この相互交流性の高い仕組みを実現すれば、育児が社会問題と位置づけられ、長時間労働削減の一助となる在宅勤務など働き方の革新に道を拓き、出産・育児に伴う就業の中断によって描かれるM字型就労カーブの解消にも寄与する可能性は大きい。

この企画案は、経営企画室を中心にジェンダーフリー推進事務局も協力して経営会議に提案された。当時はインターネット普及の途上期でもあったことから、経営会議では大半の役員がこの新しい仕組みを理解できずにいたが、福原義春会長（当時）の判断で商品化が決定され、二〇〇二年には資生堂の独自のビジネスモデルとして企業等に販売を開始した。

このように、ｗｉｗｉｗの事業化によりプログラムの導入企業の数が拡大したため、資生堂の一部署（当時はＣＳＲ部男女共同参画グループ）だけでは運営にも支障をきたす状況になった。

そこで、二〇〇六年一一月、これを発展的に継承していく目的から、㈱ネットラーニングと㈱資生堂の共同出資による㈱ｗｉｗｉｗが設立された。その後、㈱ｗｉｗｉｗは二〇〇八年、導入企業全社の利用者向けに、職場復帰前のマインドセットを形成する「職場復帰セミナー」の提供を開始している。二〇〇九年には、女性が活躍できる職場をつくるには、上司がＷＬＢを積極的に推進する必要があることから、管理職向けのＷＬＢ講座の提供を開始し、二〇一五年にはＷＬＢに加え多様な価値観、ライフスタイルをもつ部下の力を最大限に引き出せるマネジメント力が不可欠であるとして、上司向け「ダイバーシティ・マネジメント講座」の提供も開始した。また、きたる大介護時代の人事リスクにいち早く着目し、社員が仕事と介護の両立、あるいは育児と介護のダブルケアに備え、さらに介護に直面した際に相談できる「介護w・i・wコンシェルジェ」を二〇一一年にリリースしている。

プログラムの開発から一二年を経た二〇一二年になると、育児休業取得者の職場復帰は当たり前になり、もはや復帰支援よりも育児休業者の能力アップ支援が求められるようになった。そこでプログラムのネーミングを復帰支援から能力アップ支援プログラムに変更した。さらに二〇一三年からは、職場復帰、能力アップから一歩進んで、育児をしながらキャリアアップし、管理職となる人材を育成するために、「男女ともにキャリアと育児の両立を支援する」というコンセプトを前面に打ち出すなど、サービスを拡充し続けている。男性の育児参画を促す講座や、女性向けのライフイベントをふまえたキャリアデザイン講座など、多くの企業・団体の共感を得て、二〇一六年三月現在、六一五社が各種サービスを導入している。

w・i・wの事業化は、女性が発案した取り組みが社会的な影響力と広がりをもちうることを示すイノベーションの好事例である。また、本プログラムの利用は恒常的長時間労働と女性だけが担う育児といった固定的性別役割分担意識を変える契機にもなる。

(2)　男女共同参画とWLB推進に資する社内保育施設の設置

二〇〇〇年代前半、資生堂ではジェンダーフリー活動が定着し仕事上の性別役割分担意識は解

図表4◆資生堂事業所内保育施設「カンガルーム汐留」概要

場　　所	汐留FSビル1階（242㎡）、JR新橋駅から3分
開　　設	2003年9月1日
対　　象	就学前乳幼児（生後57日〜小学校就学前）
定　　員	34人（定員の半数以下の枠を他企業に提供）
保育内容	常時および一時的な預かり（延長保育有り）
時　　間	8:00〜19:00（20:00まで延長保育可）
料　　金	3歳児未満54,000円／月（税込）、3歳児以上32,400円／月（税込）、一時保育1,080円／1時間（税込）
申し込み資格	正社員および契約社員
利用状況	常時保育34名（資生堂17名、他企業17名。2016年3月31日現在）
利用企業	電通、朝日新聞社、学校法人慈恵大学、日本たばこ産業、共同通信社
運　　営	資生堂
協　　力	ニチイ学館
施　　設	施設責任者1名、保育士7名、看護師1名、管理栄養士1名（計10名体制、2016年3月31日現在） 保育室（134.4㎡）、乳児室（16.6㎡）、調理室（18.7㎡）、トイレ・シャワー室（13.2㎡）等
病児対策	港区設置の病児保育施設を利用

消されつつあった。しかしその一方で、「育児は女性が行なうもの」という家庭面での固定的性別役割分担意識は根強く、社内の男性社員自身も、女性社員の夫の育児参画も、決定的に遅れていた。

おりしも二〇〇三年は資生堂創立一三〇年目の節目の年にあたり、池田守男[*30]社長（当時）自身、一三〇周年記念として会社と社会に貢献できるような、資生堂のイメージに相応しい企画とは何かを模索していた時期でもあった。その企画を練るために二〇〇二年四月、経営改革室に「プロジェクト１３０[*31]」が新設されていた。

プロジェクト１３０事務局では、「育児は男女で行なうもの」「仕事と育児の両立には長時間労働の削減が必要」という考え方を社内に周知し、男女社員のＷＬＢが実現できるように促す企画が検討された。そしてプロジェクト130事務局が社外の有識者に企画内容についてヒアリングを重ねた結果、WLBの実現を可能にし、男女共同参画の象徴になるものとして、社内保育施設設置の企画が支持されたのである。

二〇〇三年、その一施策として生まれたのが、東京・汐留に開設された社内保育施設「カンガルーム汐留」である（図表4）。

社内保育施設設置には主に五つの目的があった。

◆待機児童の多い東京圏で働きながら子育てをする男女社員をサポートする
◆男女共同参画企業の象徴になる施設としての役割を果たす
◆男性社員の長時間労働を削減して育児への積極的参画を促進する
◆男女共同参画推進に賛同する企業と連携して「WLBの実現」という新しい価値創造をめざす
◆「職」と「育」が接近することで生じる労働生産性向上やライフスタイルの見直しなどをはかる新しい取り組みとする

さらに、この取り組みには、企業内の保育所の存在を男性にも身近に感じられるものとすることで、男性の育児参画へのきっかけをつくり、定着させていく狙いもあった。特に、男性の育児参画を定着させる鍵は、保育施設への子どもの送迎など、男性が参加しやすいところからはじめることにある。その点でも身近な社内保育施設がある意義は大きい。また、子どもの送迎を男性が担うには残業を控える必要があるため、結果的に長時間労働を削減することにもつながる。カンガルーム汐留は、働く女性にとって有益な保育施設にとどまらない。それは、仕事と育児の両立をめざし、男性による子どもの送迎や家族ぐるみのイベントなどに多くの男性を巻き込み、生活の場における男性の育児参画を促す場ともなるなど、狙いどおりの結果がみられたことになる。

保育施設カンガルーム汐留の特徴の一つは、「運営資金の確保の必要性と企業の連携による子育て環境の整備・改善」という考えから、資生堂の社員だけではなく、定員枠の半数を超えない条件で男女共同参画の主旨に賛同する近隣企業の利用も可能にしたことである。設置当初から電通、日本アイ・ビー・エム、ニチレイが参画し、二〇〇八年三月以降においては朝日新聞社、学校法人慈恵大学なども利用している。

さらに、資生堂が次世代育成支援行動計画にも掲げている「父親の育児参加促進」を推進する試みとして、カンガルーム汐留では子育て経験のある男性を社内公募し、保育施設責任者として登用した。男性責任者は、ハロウィンパレードやクリスマスパーティーなど、父親が楽しみながら参加できるオリジナリティーに富む企画を立案するなど、子どもたちの家族や大勢の社員を巻き込みながらダイバーシティとＷＬＢを実践している。

プロジェクト１３０事務局が企画・提案した社内保育施設は、男女を問わずキャリアと育児の両立を実現可能とし、一企業の努力の範囲内ではあるが、ＷＬＢの推進による長時間労働削減と日本的雇用慣行を変えるきっかけをつくった点において意味のあることであった。

①運営の工夫

運営にあたっての特徴としては、以下があげられる。

第一に、安心・安全な保育環境を整えたことである。具体的には、保育士だけでなく看護師を常駐させている。幼い子どもを預ける保護者にとって、これが大きな安心となることはいうまでもない。このほか、保育所内にはインターネットカメラが設置されている。これには外部からの侵入者を未然に防ぐというセキュリティの面もあるが、アクセス権があれば、保護者は国内外の出張先から子どもの姿をパソコン・携帯電話などの端末を通してみることができるようになっており、安心面の配慮もなされている。

また、先述したように、社内公募によって子育て経験のある男性を保育施設責任者として登用したことも大きな特徴だろう。保育施設責任者は男女共同参画の発想をもって、父親が楽しんで参加できるイベントなどを企画・立案し、子どもたちの家族や社員を巻き込みながら実践している。こうした催しは核家族が多く、兄弟姉妹が少ない子どもたちにとって貴重な共同体験になることに加えて、会社にとっても次世代育成支援としての社会貢献につながる。

さらに子育てとは、えてして時間どおりにいかず、また手間のかかるものである。そんな保護者の苦労や負担を軽減するため、カンガルーム汐留では、子どもの送迎時間への柔軟な対応や二〇時までの延長保育を実施するほか、一般には保護者が持ち込んで管理する午睡用のシーツ・タオルケット等を施設側で常時準備するといった柔軟な対応を行なっている。
以上のように、カンガルーム汐留は男女社員のWLBの実現をめざして取り組みを続けてきた。しかし、これはあくまでも企画・運営側の目的である。実際に利用する社員に、その存在や活動はどのように受けとめられているのかをヒアリングしたところ、様々な声が寄せられた。

【ポジティブな声】

◆子どもがいつも近くにいるので安心
◆看護師常駐なので安心できる
◆迎えの時間が不要なので、その分、仕事に集中できる
◆迎え時間を柔軟に対応してくれるので助かる
◆通勤時間は子どもとの大切なコミュニケーションの時間になっている
◆「子育て」「仕事」ともに打ち込め、充実した両立生活になっている
◆大都会のメリットとして、日常でかけることができない都内の博物館などを月一回の割合で見学でき、子どもの教育にとってプラス

【ネガティブな声】

◆園庭がなく、発散度、交通安全、セキュリティなど外遊びへの不安が残る
◆朝夕の通勤ラッシュは、身体上も精神的にも負荷を感じる
◆カンガルーム汐留についてではないが、社会全体の問題として通勤電車での優先席、階段、

トイレ等は、まだまだ弱者に優しくないことを実感している

都心の保育所ゆえに一部にネガティブな声も聞かれたが、おおむね高い評価であり、前向きな意見が多かった。そして、実際にカンガルーム汐留の存在は次のような成果を生み出している。

第一に、ジェンダーフリーへの取り組みと仕事と育児・介護との両立支援の取り組みを同時進行させることになり、結果として結婚や出産で退職する女性社員がほとんどいなくなった。第二に、男性が育児休業をとりはじめ、二〇〇五年度の一年間に二桁を超えるようになった。第三に、民間企業が独自に設置した事業所内保育施設の先進事例として注目を集め、開設当初からマスコミの取材依頼が相次ぎ、関連記事は一〇〇件を超える。視察者も多く、皇后陛下をはじめ総理大臣、歴代の少子化・男女共同参画担当大臣、男女共同参画担当の政府・政党関係者、自治体、企業、大学等、延べ三〇〇〇名を超えるなど、両立支援に取り組む社会の運動体として大いに発信力を発揮している。

こうした成果が生み出された背景には、まず、社会的ムーブメントを起こすほどのインパクトのある社内保育施設にしようとした経営トップのコミットメントがあげられる。また、ＷＬＢの実現と男女共同参画をめざすという目標を掲げたことで、開設の際、一企業にとどまらず近隣企業の協力が得られたことも大きい。さらに、この企画を具体的な実施レベルにしていくうえで有用な制度があり、主体的な担い手がいたこともあるだろう。つまり、人、制度、そしてタイミング、すべてが揃ったゆえの成果ということができる。

②カンガルーム汐留は女性活躍支援になっているのか

カンガルーム汐留は「東京圏で働きながら子育てをする男女社員をサポートする」「男女共同参画企業の象徴になる施設をめざす」という二つの目的については、おおむね達成したといっていいだろう。

しかし、それだけでなく、「女性活躍支援」も目的としている。資生堂における女性活躍支援は、あらゆる社員に対し公平であることを基本としているが、カンガルーム汐留の利用は、東京圏に居住する社員に限られ、しかも定員の制限がある。これでは公平性を欠いていないだろうか。実際、カンガルーム汐留の設置に際し社員からは、「たとえ自分が利用できなくても、ここまで支援する会社を誇りに思う」「待機児童が多い大都市での取り組みとして理解できる」といった積極的な支持がある一方で、「本社に勤務する人だけが恵まれている」といった不満の声も寄せられていた。

そのような声があがることを想定し、設置前の二〇〇三年五月、経営改革室のプロジェクト１３０が全国の子育て中の男女社員を対象として、保育所設置のニーズを調査している。その結果、大阪を含む一部の事業所にニーズがあったものの、保育所を設置するほどの人数には達していないことがわかった。そして、保育所を追加するよりも、むしろ、カンガルーム汐留が利用できないような社員へのサポートが必要と考えられたため、後述するように、選択型福利厚生制度である「カフェテリア制度」の育児補助のポイント換金額を特別に引き上げ、また、全国どこでも利用可能なインターネットプログラムｗ・ｉｗ・ｉｗの提供などの措置を講じた。

このように事業所内に保育所が開設され、実際に仕事と育児の両立にかかわることで、社員のなかには生活の場で本当に必要な商品・サービスのニーズとは何かを捉え直す動きが出てきた。また、カンガルーム汐留を利用した女性社員がのちに課長に登用されていることなどを考え合わせると、女性活躍を支援する役割は果たされているといえるだろう。

2. 仕事と育児の両立を後押しする独自施策の展開

(1)　選択型福利厚生制度（カフェテリア制度）の導入

仕事と育児の両立支援策に関して、資生堂は独自の施策を講じてこれをフォローしている。その一つが選択型福利厚生制度「カフェテリア制度」である。

一九九八年に導入されたこの制度では、毎年管理職を含む全社員に対し、一点で四〇〇円相当の換金価値をもつポイントを、年間三五〇～四〇〇ポイント支給している。そして、社員が利用したい福利厚生サービスを受けるたびに、そのサービスに賦課されているポイントが消化される仕組みである。

この制度は、社員が自らの意思で福利厚生メニューを選択し利用するものである。言い換えれば、会社から「与えられる」のではなく、自身のニーズに合わせて受ける支援をカスタマイズし、仕事と家庭の両立や、より豊かで彩りのある生活の実現につなげることができる。効率的で柔軟性が高いことに加え、保育園あるいは学童保育への補助、介護補助等については特別扱いとなり、一ポイント一〇〇〇円程度を付与され、より厚いフォローが受けられるようになっている。

(2) 先進的なチャイルドケアプラン

一九九九年に導入された「チャイルドケアプラン」は、社員が妊娠中も安心して働けるような職場環境をつくること、そして出産後は円滑に職場に復帰し、仕事と育児をバランスよく両立させながら働き続けられるように支援することを目的につくられた制度である。

まず、妊娠や子育て、その後の職場復帰にかかわる当事者が、自ら抱えている課題に目を向け、その解決をはかる必要がある。そのためには、課題を明確にし上司と本人、チーム内において情報を共有することが不可欠である。チャイルドケアプランは、この点に着目して、妊娠が判明してから職場復帰するまでの期間、本人と所属長が情報を共有しながらコミュニケーションをはかっていく仕組みとなっている。

具体的には、事前に「コミュニケーションシート」に業務にかかわる事柄や、出産予定日と妊娠中の健康診断のためにいつ休むのかなどを記入し、上司に報告・登録しておく。このシートがあることで、上司は必要な日数の代替要員なども計画的にかつスムーズに確保できる。また、本

	支援名称	導入年	内　　容
発展期	育児を目的とした配偶者同行制度	2008	育児期（小学校 3 年生以下の子をもつ）社員の配偶者に国内転勤が発生した場合、配偶者の転勤地への同行を希望できる
	配偶者の海外転勤に伴う休業制度	2008	社員の配偶者に海外転勤が発生した場合、配偶者の勤務地への同行を前提に、3 年以内の休業を認める。男女ともに適用される。配偶者が自社・他社勤務かは問わない
	再雇用後の取扱い内規	2008	退職した正社員を再雇用した場合の、正社員への登用の道を整備する*
	育児休業制度の改訂	2008	特別の事情がある場合には、同一子に対して 3 回まで取得を認める
	子どもの看護休暇制度の改訂	2008	半日単位で取得可能とする
	育児時間制度の改訂	2008	取得期間を小学校 3 年生まで延長する
	法改正に伴う対応	2010	・育児および介護を理由とした「所定外労働の免除の義務化」 ・子どもの看護休暇の拡大 ・パパ・ママ育休プラス ・出産後 8 週間以内の父親の育児休業取得の促進 ・介護のための短期休暇制度の創設

注：＊ 対象には、退職事由や退職後の経過年数は問わない。退職時に再雇用の希望の有無を登録する必要はない。なお、美容職の人事制度では、一定の条件を満たす契約社員美容職（再雇用を含む）に対しては、登用試験の合格を前提とする正社員登用が認められている

図表 5 ◆資生堂の両立支援策一覧

	支援名称	導入年	内　容
胎動期	育児休業制度	1990	子どもが満 3 歳になるまで、通算 5 年まで取得可
	育児時間制度	1991	子どもが満 3 歳になるまで、1 日 2 時間まで勤務短縮可（2008年に小学校 3 年生までに改訂）
	介護休業制度	1993	1 人の家族につき、1 回につき 1 年以内。通算 3 年以内
	介護時間制度	1993	1 日 2 時間以内、1 人の家族につき、1 回につき 1 年以内。通算 3 年以内
基礎固め期	カフェテリア制度育児補助（年間定額）	1998	子どもを保育園などに預け、保育料補助を希望する社員に対する年間定額補助
	カフェテリア制度育児補助（随時）	1998	小学校 3 年生以下の子どもが、ベビーシッターおよび保育所などの延長保育を利用した場合の保育料補助を希望する社員に対する随時補助
	チャイルドケアプラン導入	1999	妊娠から職場復帰の流れを上司と確認し合えるコミュニケーション体制を整備
	wiwiw（ウィウィ）の開発	2000	育児休業者がインターネットを通じて各種スキルを習得できるシステム（2006年1月㈱wiwiwに事業譲渡）
	カンガルーム汐留の開設	2003	社員向け事業所内保育施設。定員枠の一部を近隣の男女共同参画賛同企業にも開放
発展期	短期育児休業の運用開始	2005	主に男性の取得促進を狙って、従来の育児休業制度を改訂し、子どもが満 3 歳になるまで、連続 2 週間の「短期育児休業」（有給）の運用を開始
	子どもの看護休暇制度	2005	小学校入学前の子どもの病気・ケガによる看護休暇。年間 5 日まで。有給
	チャイルドサポートセンターの開設	2006	本社医務室スタッフが、妊娠・出産・育児に関する様々な不安や疑問について、健康面を中心にサポート
	マタニティ制服の導入	2006	美容職社員のマタニティ制服を導入
	カンガルースタッフ体制	2006	夕刻時間帯に限定して、育児時間を取得する美容職社員の代替要員（契約社員）を店頭に派遣する体制。全国導入は2007年 4 月
	育児・介護期社員の異動に関するガイドライン	2008	育児時間、介護時間を取得中の社員は、転居を伴う異動の対象外とする

人が異動するような場合でも、シートを通して自分の状態を明確に把握できれば、余計な精神的負担なども軽減される。当初は紙に書いて提出していたが、その後、インターネットを使って情報が共有できるようになり、社内のイントラネットでチャイルドケアプランにアクセスすれば、容易にコミュニケーションシートを閲覧・入力できる。

図表5は、一九九〇年以降の両立支援策の詳細をまとめたものである。仕事と育児の両立なくして、女性管理職登用の推進はなしえない。これらの制度は女性が活躍するための重要な土台なのだ。そして、ようやくその土台が整い、次章以降で述べるように女性管理職登用の発展期へと入っていくのである。

第5章　［女性管理職登用の発展期］

アクションプラン20の策定と推進

1. CSRの視点からの男女共同参画への取り組み

二〇〇〇年以降に頻発する企業不祥事を契機にCSRへの社会的な関心が高まり、多くの企業がその活動を本格化させた二〇〇三年は「CSR経営元年」ともいわれている。

資生堂はCSRという言葉が生まれる前から、文化・芸術支援をはじめとする社会貢献に取り組んできた。しかし、日本ばかりでなく世界的な規模で企業の社会的貢献が問われる時代になっていることから、二〇〇四年四月に社長直轄組織としてCSR部を新設した。CSR部長に岩田喜美枝氏[*32]を任命し、それまで社内各部門で実践してきた社会的責任活動を総合的に推進する体制を整えたものである。

岩田部長（当時）はCSRを通して、資生堂の価値の「何を高めるか」ではなく、「どのように高めるか」に力点を置いた戦略的CSRを打ち出し、その一環として男女共同参画活動を掲げて、女性管理職登用を加速化させた。

CSR活動の本質とは、「価値ある企業」としてステークホルダーから支持を受け続けるために企業価値を最大化し、社会的な責任を果たしていくことである。そのなかで、女性管理職登用は、企業の経済的価値だけでなく、男女共同参画の社会づくりに向けた価値ある企業をめざす象徴的な取り組みであった。

(1) 資生堂のCSR活動を推進する組織と基本理念

それまでの資生堂では、ステークホルダーからの要請・依頼を受け、文化支援やスポーツのスポンサー等、幅広い活動を実施していた。しかし、二〇〇四年以降は「資生堂らしいCSR活動」を具体的に追求するため、戦略的CSRの領域として左記の三つのテーマを抽出し、会社が有する資源（資金、人的パワー、製品など）を集中配分して取り組むこととした。

第一の領域として、まずは化粧品メーカーとして社会的なニーズに応えることを掲げている。一九四九年、高校卒業予定者を対象に社会人の「身だしなみ」を指導する場として開始した特別美容講座などはその先駆けといえる。ニーズの多様化、細分化が進む昨今においては、例えば、顔にあざや原因不明の後天性皮膚疾患である白斑など肌の悩みをもつ顧客のためのセラピーメーキャップ活動などがあげられるだろう。

第二の領域は、メセナ活動である。「美しい生活文化を創造すること」を企業使命としてきた資生堂では、本業以外でも、古くは一九一九年以来、若手のアーティストに資生堂ギャラリーを発表の場として提供してきた。一九八三年には「美を伝えることばの力を高めたい」という思いから「現代詩花椿賞」を創設し、近年では、二〇〇四年に銀座並木通りに開設した「ハウス　オブ　シセイドウ」という美の発信基地の活動がこれに該当する。

そして、第三の領域が社内外の女性の活躍支援である。すでに述べたとおり、資生堂の顧客の九割が女性であり、社員の約八割が女性であることを考慮すれば、女性の活躍支援、さらにその延長線上にある女性管理職登用をはかる取り組みが、資生堂の考えるCSR活動の中心部分を支える重要なファクターであることはいうまでもない。

こうした背景から、「化粧」「美」「女性」の三つをキーワードとして、資生堂らしいCSR活動が展開されることとなった。

新設されたCSR部には、それまで法務部に所属していた企業倫理室、企業文化部の組織の一つである社会貢献グループ、そして男女共同参画活動を担当していた経営改革室の三者が統合された。戦略的CSRの一環として男女共同参画活動が組み込まれ、男女共同参画グループが直接その活動を担う体制としたことからも、取り組みへの意気込みをうかがい知ることができる。

(2)　CSR活動の特色と女性管理職育成・登用

一般にCSR活動の目的は、ステークホルダーからの信頼を高めることを通じて、ステークホルダーと企業の共存共栄をめざすものである。資生堂が一九二一年に打ち出した「資生堂五大主義」のなかにも、すでに「共存共栄主義」が盛り込まれており、これが、今日の資生堂のCSRにつながる経営哲学の源になっている。ここでいう共存共栄とは、顧客や社員をはじめとするステークホルダーの満足度を上げることによって実現すべきものである。

「顧客や社員をはじめとするステークホルダー」という表現を用いたのは、資生堂が化粧品の製造・販売を主な業態にしている老舗であり、顧客も社員も圧倒的に女性が多い企業だからである。その両者の満足度を上げることが、ＣＳＲ活動の目的、すなわち「ステークホルダーと企業の共存共栄」という目的を達成することになる。

具体的には「買い手」や「使い手」でもある女性が「作り手」としても商品開発の方針決定に参画し、その声を活かした商品を提供することである。その商品を通して女性に共感される会社にならなければ、経営パフォーマンスの向上は望めない。実際、生活財やサービスの開発などに女性の声を活かせれば、多様性を活かして新たなアイデアが生まれる可能性は高く、経済合理性が期待できるのである。

しかしながら、二〇〇五年当時、資生堂の女性管理職の割合は一一・七％である。日本企業の女性管理職比率九・一％と比べれば高いが、経営計画に掲げた目標には達していない。だからこそ、女性管理職比率を高めてステークホルダーの利益を増進し、経営パフォーマンスにプラスの影響をもたらすように取り組むことには大きな意義がある。つまり、戦略的ＣＳＲにおける女性管理職の育成・登用とは、実に資生堂らしい活動ということができる。

二〇〇五年以降、ジェンダー・ダイバーシティとＷＬＢを統合して実現するというスキームを確立して、女性管理職登用を推進する取り組みは質的に違う段階に入っていく。部下をもつ人事評価者である女性リーダーの育成・登用が本格化し、長時間労働の削減に取り組むことで女性の経営参画が加速化し、結果的にそれが経営パフォーマンスの向上につながるという、新しい企業経営が模索されはじめた。

2.「男女共同参画アクションプラン20」の概要［第一フェーズ］

ジェンダー・ダイバーシティとＷＬＢとを統合して推進する施策として、第一フェーズ「男女共同参画アクションプラン20」（以下、アクションプラン20）を策定し、二〇〇五年度から二ヵ年にわたって実施した。

(1)「アクションプラン20」四つの重点課題

まず、二〇〇四年度には、ＣＳＲの視点を盛り込んで女性管理職登用を推進するために男女共同参画アクションプランの策定が課題として意識された。そのアクションプラン策定の実施体制として、経営トップが委員長を務めるＣＳＲ委員会の直轄下に国内の事業所および部門の責任者一〇名で構成された「女性活躍支援部会」が設置された。さらにその下部組織として、異なる部門・事業所の一般社員と管理職、計二〇名程度のメンバーで構成された「女性活躍コミッティ」が置かれ、具体的なアクションプランを策定した。

女性活躍コミッティはメンバー構成からもわかるように、現場の声を聞きとり、これを経営トップに反映させる機能を果たすものである。

女性活躍支援部会の設置は、その後の女性管理職登用推進に決定的な影響を及ぼすことになる。この部会が、女性管理職登用に成果をあげるアクションプランの策定に取り組み、その構成メンバーが所属する部門や事業所において実効性のある結果が出たからである。なお、女性管理職登用には男性の長時間労働の削減や男性の育児参画といった施策が必要となるなど、女性管理職登用が決して女性だけの問題ではないことから、二〇〇五年度から女性活躍支援部会は「男女共同参画部会」に名称が変更された。

二〇〇五年三月、資生堂の男女共同参画活動の具体的行動計画の第一フェーズとしてジェンダー・ダイバーシティ施策とWLB施策とを統合した「アクション20」が策定された。これは、四つの重点課題とその課題実現のための二〇のアクションプランによって構成されている（図表6）。アクション20と総称されるゆえんである。

四つの重点課題は以下のとおりである。

◆社員の多様性（ダイバーシティ）を活かす「社内風土の醸成」

◆若手および女性の経営参画の加速を視野に入れた「女性リーダー（部下をもつ管理職）の育成・登用」

◆生産性を高めるための「社員の働き方の見直し」

図表６◆男女共同参画アクションプラン20（2005～2006年度）

重点課題目標	No	「アクション 20」の具体的アクションプラン
1. 社内風土の醸成	1	行動変革に向けた社内コミュニケーションの強化
	2	事業所単位での男女共同参画活動の推進
	3	コミッティ活動
2. 女性リーダーの育成・登用（女性社員の経営参画の加速）	4	リーダーの責任・権限・処遇の見直し
	5	女性リーダー比率目標値の設定
	6	会議体への女性参画の促進
	7	全国コース社員の人材育成型人事異動の強化
	8	事業所コース社員の人材育成型人事異動の強化とコースの見直し
	9	ジョブ・チャレンジ制度、社内FA制度の飛躍的拡充
	10	リーダー育成・支援のための社内教育の強化
	11	メンタリング制度の試行
3. 働き方の見直し	12	「働き方見直しプロジェクト」発足
4. 仕事と出産・育児の両立支援	13	母性保護や育児休業制度などをまとめたガイドブックの作成
	14	妊娠中も安心して働ける職場環境づくり
	15	妊婦のための制服導入
	16	育児休業・育児時間（短時間勤務）が取得しやすい環境整備
	17	男性の育児参加促進
	18	子どもの看護休暇制の導入
	19	事業所内保育施設とwiwiwの利用促進／学童保育支援
	20	配偶者の転勤等を考慮した制度の導入

出所：資生堂資料をもとに筆者作成

◆優秀な人材を確保するための「仕事と出産・育児の両立支援」
アクション20では、社員の多様性（ダイバーシティ）を活かし、男女社員の誰もがその潜在能力を発揮できるジェンダー平等な社内風土を醸成することを基本に、二つの軸により構成されたアクションプランが立てられている。部下をもつ管理職および女性の経営参画の加速をめざす「女性リーダーの育成・登用」の軸と、「働き方の見直し」と「仕事と出産・育児の両立支援」とからなるＷＬＢ支援の軸である。

(2) 社員の多様性を活かす社内風土の醸成［重点課題1］

ジェンダー平等な社内風土をめざし、三つの施策を通して全国の事業所への理解を促した。
◆行動変革に向けた社内コミュニケーションの強化…ＶＴＲを制作し全社員に視聴してもらったほか、説明会の開催や、全国の事業所におけるダイアログ（対話）を実施。また、社内誌等を通して情報発信し、全社員一人ひとりの意識と行動の変革を促した
◆事業所単位でのジェンダー平等の推進…各部門・事業所が男女共同参画活動の重点課題のなかから一つ以上を選択し、ＰＤＣＡサイクルを回して推進
◆男女共同参画部会の開催…男女共同参画部会を二年間で八回開催。同部会のメンバーが所属する部門・事業所の好事例を紹介するほか、第二フェーズ「男女共同参画アクションプラン15」を策定

(3)　女性リーダー（部下をもつ管理職）の育成・登用［重点課題2］

女性管理職の育成・登用を促進しているにもかかわらず、そもそも管理職の定義が曖昧との指摘があったことから、男女共同参画部会では、まずこれを明確にした。

それまでにも職能資格制度のもと、参事、課長格、次長格、部長格の四つに該当する資格を管理職と呼んできた。これらの四つの資格自体は踏襲しつつ、リーダーの責任・権限・処遇を明瞭にするとともに、リーダーの定義を以下のように規定した。

◆人事評価者であること
◆部下をもつこと
◆支社長や部門長等としての役割給が付与され、ポスト任期制[*33]の対象者であること

資生堂におけるリーダーの要件は、男女を問わずこの三つの条件すべてを満たす者とした。敷衍していえば、「部下をもち、適切なマネジメントを通じて、人・組織を動かし、与えられた組織使命や組織目標に取り組んで成果をあげるとともに、職責に見合った権限と処遇を有する人」となる。

そして、会社の方針や意思決定の場に多様な意見を反映させる経営戦略として、二〇〇四年四月一日時点で一〇・四％だった女性リーダー比率を二〇一三年一〇月までに三〇％にするという目標値を設定し、これをアクション20に盛り込んだ。数値目標、達成率、達成期間、いずれも政

府基準を上回る設定である。これは日本における女性管理職登用のリーディングカンパニーとしての責務を果たすという意欲的な挑戦であり、日本の上場企業における日本的な雇用慣行の変革をめざすものである。

一方、この目標設定に対して、一部には男性のモチベーション低下を懸念し、「数値ありきの登用ではないか」という声もあった。こうした批判に対して男女共同参画部会は、アクション20の目的が経営パフォーマンスの向上にあることを丁寧に説明することで理解を促した。

図表7は、アクション20の重点課題「女性の経営参画加速を視野に入れた〝リーダー〟の育成・登用」の各目標項目とその実施結果である。具体的には、リーダーを定義し、責任・権限・処遇を見直すほか、女性リーダーの登用目標を設定し、そのために欠かせないキャリアアップにつながる人材育成型人事異動・配置の推進および「ジョブ・チャレンジ」や社内ＦＡ（フリーエージェント）制度の飛躍的拡充、新任リーダー研修やマネジメント研修などの社内教育、メンタリングの試行など、中長期的な視点からのリーダー人材育成教育を実施した。

なお、ジョブ・チャレンジとは、キャリア形成に向け、適材適所の人材配置により、組織活性化を目的とする求人型の異動制度である。年二〜三回程度、一回につき四〜五件の募集を人事部が社内告知し、応募者を募るものである。また社内ＦＡ制度は、社員自らの意思で希望の部門・事業所に異動し、やりたい仕事に就ける機会を提供する仕組みである。これは、これまでの職務経験を通じて形成してきたキャリアを積極的・主体的に活用する機会を社員に提供するとともに

図表７◆「アクション20」「女性リーダーの育成・登用」実施結果

No	アクション名	「アクション 20」「女性リーダーの育成・登用」実施結果
4	リーダーの責任・権限・処遇の見直し	◆リーダーを定義し、それに基づき、ポスト数を決定 ◆リーダーの責任、権限、処遇を見直した
5	女性リーダー比率目標値の設定	◆国内グループの女性リーダー比率目標値（2007年10月：20%、2010年10月：25%、2013年10月：30%）を定めた
6	会議体への女性参画促進	◆決裁会議を除く各種会議体への女性参画率 30%を念頭にメンバーを見直した
7	全国コース社員の人材育成型人事異動の強化	◆キャリアアップにつながる人事異動や配置は、男女を問わず積極的に推進した
8	事業所コース社員の人材育成型人事異動の強化とコースの見直し	◆事業所コース社員のキャリア意識の向上や能力発揮の機会提供の拡大を目的に、転居を伴わない異動を積極的に推進した
9	ジョブ・チャレンジ／社内FA制度の飛躍的拡充	◆キャリア形成およびキャリアアップに資するジョブ・チャレンジ制度や社内FA制度については、応募者、公募人数ともに拡充した
10	リーダー育成・支援のための社内教育の強化	◆全国のリーダーを社内研修施設に招集して新任リーダー研修およびマネジメント研修を開催し、「資生堂のリーダーに求める役割」「人を育てるリーダーとは」等を理解してもらうよう努めた
11	メンタリング制度の試行	◆キャリア形成に向け、女性リーダー１名に対し、メンターも１名とするメンタリング制度を構築・試行した

出所：資生堂資料をもとに筆者作成

に、本人のモラールアップをはかり、組織の活性化を目的とする。

メンタリングについては、女性管理職候補者（メンティー）を直属の上司ではない信頼できる管理職（メンター）が指導することにより、メンティーを自発的・自律的に成長させる取り組みである。メンタリングを試行したところ、メンティーたちの関心は、どのようにしたら効果的なマネジメントができるのか、に集中した。

女性リーダー（部下をもつ管理職）比率は、当初の目標は達成できなかったものの、アクション20を開始する前（二〇〇四年）の一〇・四％から終了年である二〇〇六年度末には一三・六％へと増加した。また、リーダーに登用された女性たちが牽引力となって、新しいことにチャレンジする機運が社内へ広がった。例えば、二〇〇五年にまとめられた「資生堂ユニバーサルデザインガイドライン」もその現われといえるだろう。各商品が「どのような顧客に」「どのようなシーンで」「どのように使われるか」を徹底的に追求して生まれたガイドラインは、その後、顧客の誰もが使いやすいユニバーサルデザインの商品開発につながり、これまでの化粧品購買層とは異なる顧客を獲得するなど、確実に経営パフォーマンスを向上させたのである。

(4)　WLBサイクルと「働き方の見直し」［重点課題3］

①社員のWLBの実態

二〇〇五年には、WLBの推進に向けて「働き方見直しプロジェクト」が設置された。委員長に取締役人事部長が就いたほか、副委員長に取締役ＣＳＲ部長、委員にも経営企画部長等が名を連ねるなど、このプロジェクトがいかに重視されていたかがうかがえる。

まず着手されたのが社員のＷＬＢの現状把握である。そのために、二〇〇五年八月、社外の調査会社に依頼して「資生堂働き方見直しプロジェクト調査」[*34]が実施された。なぜ、外部に協力を求めたのか。当初、人事部が中心になって実態を把握しようとしたところ、「提出先が人事部では本音を書けない」「長時間労働の事実が人事部に知られるならアンケートは記入しない」など、人事部に警戒感を抱く社員がいたからである。そのような背景に配慮し、できるだけ実態と本音を把握するために、アンケートは発送も受け取りも調査会社直送とするという条件つきで実施された。

調査の結果、特に重視していた「ＷＬＢの現状評価と社員の期待感」に寄せられた社員の声からは、現在の労働時間と個人生活の時間について「バランスがよい」と感じているのは全体の四人に一人（二五％）にとどまることが明らかとなった。一方、仕事と個人生活のバランスがとれることで、「仕事へのモチベーション」が高まり、「ストレスが軽減される」「業務の効率が高まる」「仕事への集中力が高まる」など、ＷＬＢの実現を肯定的に受けとめている社員は半数以上にのぼった。また、ＷＬＢを実現するためには、業務内容の見直しや人員配置の再編が必要であることを半数以上が指摘している。「有給休暇を取得したい」と要望する社員も過半数いたことが明らかになった。

資生堂の基本的な労働時間は、昼休みなどの休憩時間を除いて一日七時間四五分である。単年度の会社としての年間休日は、原則として土曜日・日曜日と国民の祝日、そのほかに、夏季休暇と年末年始休暇があり、一二八日前後である。これを基本とした労働時間のなかで、二〇〇五年当時、月平均の残業時間は三〇時間、なかでも営業職や本社事業部門の過半数は月平均四〇時間以上残業をしている実態も判明した。とりわけ営業職では、残業が月八〇時間以上にのぼる社員が全体の二割を占めていた。また、事業所および職種、性別や年代ごとに残業時間の格差が大きく、職種では営業職、性別・年代でみると二〇代男性の長時間労働が常態化していた。

そこで、「個別制度の認知活用実態と評価」に目を向けると、有給休暇や連続休暇等の個別の制度自体に対する認知度は高く、利用したいと思ってはいるものの、利用しにくいと感じているのが実情だった。

実際、二〇〇五年当時、日本企業の有給休暇取得率が平均四七・七％であるのに対し、現場の営業職の取得率は一桁台にすぎなかった。さらにいえば、仕事と育児の両立支援制度では、未就学児をもつ男性の四人に一人が育児休業制度を利用したいと希望しているにもかかわらず、取得者は前年の二〇〇四年に一名のみであった。

この調査結果から、多くの社員がＷＬＢに期待感を抱いており、そのための有用な制度を認知してはいても、実際には利用していないことがわかった。特に営業職の多い事業所に長時間労働が常態化し、それと対構造になって男性の育児参画が進んでいないことが明らかになった。

②長時間労働がなぜ常態化しているのか

この調査結果を受けて、長時間労働が常態化している本社の特定部門や営業現場の社員にヒアリングを実施した。以下のコメントが示すとおり、社員の多くが長時間労働を望んでいないことは明白であった。

【本社】

◆司令塔の役割があるため、仕事上の責任や権限が重く、早く帰りたくとも、とうてい望めないのが実情だ

◆会議体が、グループメンバーだけとか、部門長を中心としたものなどいくつもあり、その都度資料を作成するため、所定の労働時間内では業務が遂行できない

◆会社や上司への忠誠を示すことで評価されるという職場風土があり、その忠誠心の象徴が休暇をとらず働き続けることである。本音は休暇をとって趣味や家族との時間に使いたい

◆定時に帰れるときも評価への影響を考慮しておつき合い残業をしている

◆部門・グループの人数の割には業務量が多い

◆自分の仕事が終わっても上司や周りの人が残っていて退社しにくい

◆効率よく仕事を終わらせても、ほかの人の仕事を回されてしまう

◆効率が悪くて残業をしている人に残業手当がつくのはおかしい

◆コンプライアンス対応や国際財務報告基準への切り替え等予測できない業務が生じ、残業に

図表 8◆資生堂の WLB サイクル

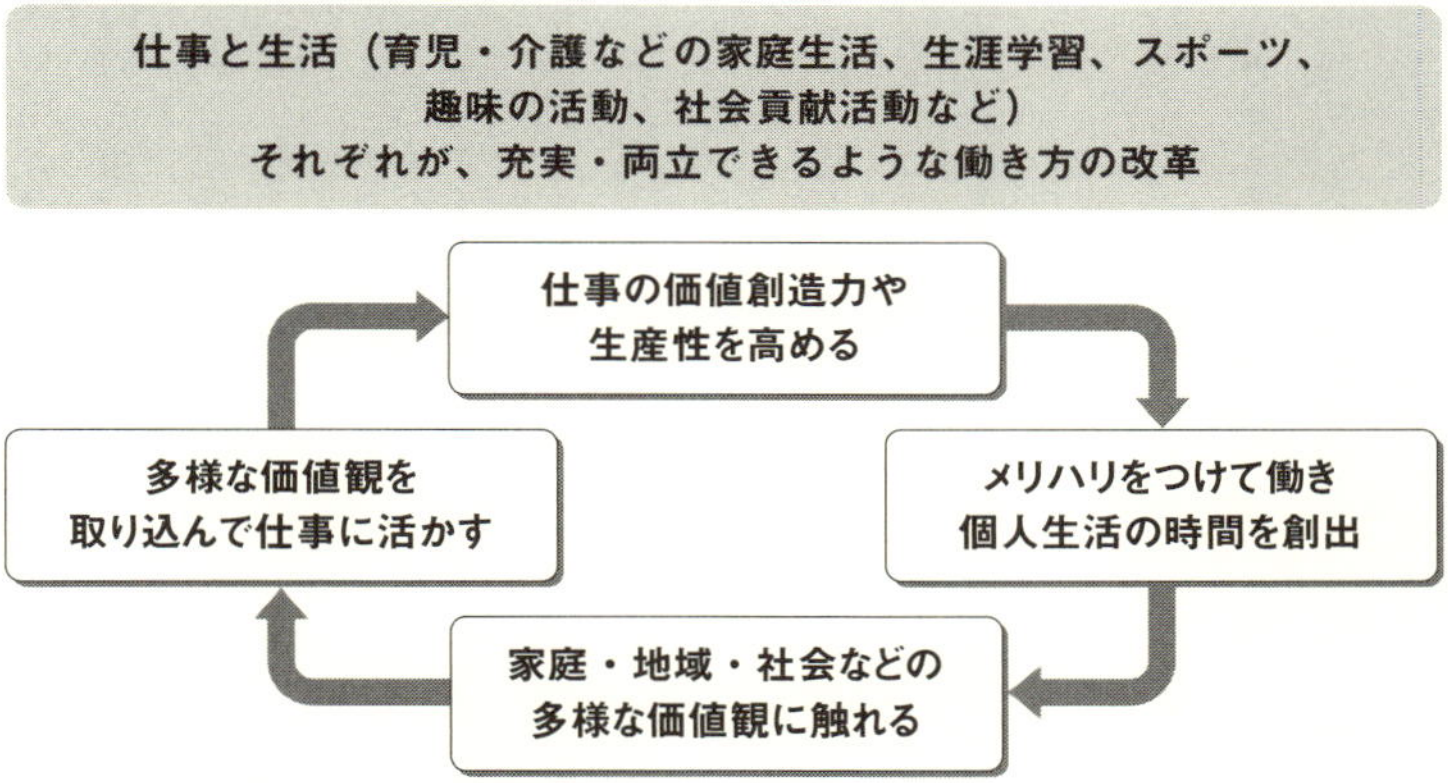

出所：資生堂資料をもとに筆者作成

なってしまう

◆ローン返済や子どもの学費など生活費を稼ぐため残業している

【営業現場】

◆自分の売り上げ目標は達成したが、同じグループの人が未達成なので帰りづらい

◆売り上げ目標が高く、休んだらとても達成できない状態にある

◆店舗回りから売り上げ計画づくりとそれに伴う事務作業など業務内容が多岐にわたるため、所定の労働時間内では仕事を終了できない。そのようななかで休暇を取得する社員は仕事への意欲が低いと評価されてしまう

◆余暇を楽しみたい気持ちはあるが、日常的に仕事量が質量とも多く、有給休暇取得はむずかしい

ただし、長時間労働が常態化しているのは、本社

のいくつかの特定部門と取引先や顧客を相手にする営業現場に限られていた。営業職や一部特定部門の労働時間が長いのは、夜遅い閉店時間の取引先がある場合、同様の勤務時間を求められるところからきている。

これに対して研究所や工場は、社員一人ひとりの職務が明確であり、成果がみえやすく、権利意識も高く、各種制度の利用は当たり前のこととされ、日本的雇用慣行の影響を受けにくい。その結果、研究所や工場の有給休暇の取得率は八〇％以上であり、残業も少ない。このように同じ資生堂の社員でも、事業所や部門によってＷＬＢの実態は大きく異なっていた。

③アクション20におけるＷＬＢ

資生堂は、ＷＬＢを、「仕事と生活（育児・介護などの家庭生活や生涯学習、スポーツ、趣味の活動、社会貢献活動など）それぞれが、充実・両立できるような働き方の改革」と定義づけていた。

それを実現するためには、まずすべての社員が仕事にメリハリをつけて働き、個人生活の時間をもつ必要がある。そして、その時間で家庭、地域、社会において多様な価値観に触れることが可能になれば、社員一人ひとりが生活者視点を醸成し、そうして取り込んだ多様な価値観を仕事に活かすことによって、仕事の価値創造力と生産性を高めることになる。こうしたサイクルを実現するのが資生堂におけるＷＬＢの基本的な考え方である（図表８）。

働き方見直しプロジェクトでは、真のＷＬＢを実現するためには、男性の長時間労働を削減して職場でも家庭でも男女共同参画を実施していくことが不可欠だという問題意識をもっていた。なぜなら、再三にわたり指摘してきたように、「男性は仕事、女性が家事・育児」という固定的性別役割分担意識を温存したまま、仕事と育児の両立のみをWLBの目的としてしまえば、それは本来の趣旨と違って、女性に「仕事も、家事・育児も」という二重負担を求めるものになってしまうからである。だからこそ、女性管理職登用には恒常的長時間労働の削減、つまり「働き方の見直し」が必要なのである。

アクション20でも、これを重点課題として掲げ、以下のような施策を実施した。

◆任用リーダー業績評価項目に長時間労働削減や有給休暇取得率向上などの目標を設定し、その実績を人事評価の対象とした

◆企業倫理委員会とCSR委員会が連携し「働き方見直し月間」を実施した

◆残業には上司への事前申請を必要とするように改善した

◆就労システムを改変し出退勤の打刻を徹底した

◆長時間労働削減に向けマネジメントの強化研修を開催した

このように、アクション20の特徴は、ジェンダー平等な職場風土を醸成しながらジェンダー・ダイバーシティ施策とWLB施策を同時に推進したことにある。さらに、WLBは単に仕事と生活のバランスをとるだけではなく、それを通して女性管理職の登用と生産性の高い働き方をめざす経営改革として推進されていった。

(5) 仕事と出産・育児の両立支援［重点課題4］

アクション20には、「優秀な人材を確保するための「仕事と出産・育児の両立支援」」も重要課題として掲げられている。わざわざ「優秀な人材」としたのは、仕事はそこそこでよい、という社員への支援施策でないことを示す意図があった。それは、働き方の見直しとともにWLB実現のための重要な柱となる項目である。

また、両立支援の特色は、まず「妊娠中も安心して働ける職場環境づくり」、美容職の要望に応える「妊婦のための制服」「育児休業・育児時間が取得しやすい職場環境づくり」「子どもの看護休暇の導入」「育児休業復帰支援プログラムw・i・w・iwや事業所内保育施設の利用促進」など、全国の事業所で働く女性の職場環境整備を徹底したことにある。

もう一つの特色としてジェンダー平等を体現する男性の育児参画を促進したことがあげられる。二〇〇五年当時の「労働条件等実態調査結果」によれば、日本の女性の平均育児休業取得率は七三・九％、男性一・四％である。これに対し、資生堂では、二〇〇五年度に国内グループの女性の育児休業取得率一〇〇％を達成している。しかし、その一方で、男性の育児休業者は二〇〇四年七月から半年間取得した一人のみだった。このようなアンバランスを正すためにも、その取り組みが急務となっていた。

男性社員が育児休業を取得しない、できない理由は、すでに社内ヒアリング調査(二〇〇四年)

で明らかになっていたように、育児は女性がするものという通念や固定的性別役割分担意識が根強いことである。それに加え、もう一つの理由として、男性の恒常的長時間労働に加え、男女の賃金格差がある現状では、賃金の高い男性が育児休業をとれば世帯単位の収入が落ち込んでしまうという現実問題があった。

これらはいわば社会の問題でもあり、資生堂だけで解決できることではない。男性が女性と同様に育児休業を取得するためには、育児休業給付額を休業開始前賃金に引き上げる等、国による措置が必要である。また、女性が育児をするものという通念や固定的性別役割分担意識を解消するには、ほかの企業はもちろん政府・自治体、企業団体や労働組合などと連携した社会的なムーブメントが欠かせない。しかし、個別企業ではすべてが解決できないとしても、資生堂だからこそ先頭に立って解決すべきという考え方のもと、男性の育児休業取得の促進がアクションプランとして策定され、実施されていった。

具体的な施策結果は、次のとおりである。

◆男性社員だけでなく女性社員の配偶者（多くは他企業勤務）をも対象にした「父親のワーク・ライフ・バランス塾（仕事と育児の両立セミナー）」を開催した

◆男性の育児参画促進キャンペーン「子どもが産まれたら休もう！」を展開した

◆男性の育児休業取得支援策として、通常の育児休業期間のうち最大二週間の範囲内で短期育児休業を「有給」で取得できるように育児休業制度を改訂したこのほかの特色として、育児休業制度を拡充して、正社員ばかりでなく入社から三年間有期契約にある美容職にも取得可能としたことがあげられる。

また、前述のように、資生堂では育児休業法の施行前の一九九〇年から法を上回る育児休業制度を導入していたが、連続二週間以内（含土日）の育児休業でその期間を延長しなかった場合は有給にする措置を追加している。

二〇〇五年度に女性の育児休業取得率が一〇〇％に達したのは、こうした取り組みの成果である。また、男性育児休業取得者も二〇〇五～二〇〇六年度までに三二名（全員が二週間有給の短期育児休業取得者）を数えるまでになった。

(6)　アクション20の成果と残された課題

アクション20を実施した結果を一言で総括するなら、育児休業取得者の増加をみてもわかるように、おおむね目標を達成できたといっていい。そして、この間に進めてきた、ジェンダー・ダイバーシティとWLB施策とを組み合わせた総合的施策はある程度、功を奏しはじめたと判断できる。具体的には、女性社員が子育てしながら管理職として働き続けられるよう、仕事と子育ての両立支援策として育児休業、育児時間（短時間勤務）、事業所内保育施設等が整備され、かつそれを実際に活用できる社内風土が醸成されてきたこと。また、全社をあげて恒常的な長時間労働の削減に取り組み始めたことによる。

もちろん、アクションプランとはその目標達成を前提に策定されることを考えれば、これはある意味、当然の結果である。したがって、実施後に重要となるのは未達成だった項目について、その理由を検証することにある。

まず、大きなものとして、「女性リーダーの育成・登用」（アクション№5）の目標が実現できなかったことをあげなければならない。当初の目標では、国内グループの女性リーダー比率目標値を二〇〇七年一〇月で二〇％と定めたが、第一フェーズの終わる二〇〇六年度（二〇〇七年三月）時点で一六・二％と、目標値に達しなかったのである。

その要因を分析してみると、一つには、女性リーダー比率目標達成の最終年を二〇一三年一〇月と、安易な中長期計画としてしまったことがあげられる。また、当初は経営トップによる女性管理職登用に対する意欲が乏しかったこともある。さらにいえば、リーダー育成は性別を問わず二年間という短期間でできるものではないという点である。リーダー候補者は自らの業績目標を達成しない限り昇進できないという仕組みには手をつけていなかったことも、登用を妨げる大きな要因だったといえるだろう。

二つめの未達成項目は、「男性の育児参加促進」（アクション№17）である。長年続いていたゼロ状態を脱したという点では成果があったが、育児休業取得者は本社や研究所に勤務する男性に限られていた。これでは、男性の育児参加が全国の事業所に定着したとはいえないだろう。

三つめは「働き方の見直し」（アクション№12）である。アクション項目や数々の取り組みを通じてある程度の目標は達成できたが、そもそも目標自体が「働き方見直しへの着手」という抽象的な位置づけしかされず、長時間労働をいつまでに何割削減するといった具体的な目標になっていなかったことは、重大な反省点である。ちなみに、次章で述べる第二フェーズにおいては、この反省点をふまえて、年間総実労働時間を削減することを目標にアクションプランを設定することになった。いずれにせよ、長時間労働の削減には、会社をあげて取り組む意思と管理職のタイムマネジメント力が不可欠であり、それ自体が大きな課題であると、男女共同参画部会メンバーは実感した。

労働時間の削減に関連したこととして、二〇〇七年一二月に政府、経団連や連合などが合意して、ＷＬＢ憲章を掲げ、社会全体でその推進をめざすことを宣言している。この憲章には、例えば、「労働者の健康を確保し、安心して働くことのできる職場環境を実現するために、長時間労働の抑制、年次有給休暇の取得促進、メンタルヘルス対策等に取り組むことが重要である」「仕事と生活の調和推進のための行動指針」といった文言と緩やかながらも目標数値が明記された。この時期に、政府、企業、労組も含めた、いわば社会全体で労働時間の削減をめざすアクションは起こっていたのである。

第 6 章

［女性管理職登用の発展期］

アクションプラン15と人事制度の転換

［第二フェーズ］

アクション20で残された課題は、女性リーダー育成・登用、男性の育児参加促進、社員の恒常的な長時間労働削減といった計画達成のハードルの高い項目に集中した。これらの目標を達成するためには、アクション20から質的転換をはかる必要がある。そこで二〇〇七年四月、「男女共同参画アクションプラン15」（以下、アクション15。図表9参照）が策定された。これは男女共同参画部会事務局がCSR委員会に提案し承認を得た、二〇〇九年度までの三年間に及ぶジェンダー・ダイバーシティとWLB推進の中期計画である。女性リーダー育成・登用については、具体的に登用を促進するアクションプランが組み込まれ、長時間労働削減に向けた働き方の見直し施策も強化された。

1.「アクション15」四つの重点課題

(1)　社内風土の醸成［重点課題1］

資生堂がグローバル企業（世界で通用する企業）へと成長するためには、経営における数値的な目標を達成する以前に、性別はもちろん、国籍や人種の違いなど多様性を受容する社員の意識や行動の変革が欠かせない。それは、すでに先進国で実践されているジェンダー平等な組織風土を醸成することである。しかし、意識改革を伴う「社内風土の醸成」は、短期間で実現できるも

図表９◆男女共同参画アクションプラン15（2007〜2009年度）

重点課題目標	No	「アクション15」の具体的アクションプラン
1. 社内風土の醸成	1	男女共同参画風土の醸成
2. 女性リーダーの育成・登用（女性の経営意思決定への参画加速を視野に入れた）	2	女性リーダー育成・登用の比率目標値の設定
	3	人材育成型人事異動の強化
	4	リーダー育成・支援のための社内教育の強化
	5	ジョブ・チャレンジ／社内FA制度の周知と拡充
	6	専門職制度の導入
	7	異業種ネットワークへの参画促進およびメンタリング制度の拡充
3. 働き方の見直し	8	生産性向上と社員の健康管理、労働環境の整備
	9	柔軟な働き方の導入
4. 仕事と出産・育児の両立支援	10	仕事と出産・育児との両立支援制度の充実
	11	男性の育児参加を促進
	12	配偶者の転勤等を考慮した支援制度の整備
	13	妊娠から出産、育児中も安心して働ける職場環境づくり
次世代育成のための社会貢献	14	若年者のキャリア自立支援
	15	「資生堂へ子どもを招待する日」の開催

出所：資生堂資料をもとに筆者作成

のではなく、中長期計画として取り組むべき課題である。そのためアクション15では、アクション20の課題でもあった社内風土の醸成を継承し、発展させたものとなっている。

アクション15は、アクション20以上に男女社員がそれぞれ能力を発揮できるよう、各種会議体や研修のほか、社内イントラネットに「資生堂の男女共同参画」と題したホームページを開設するなどにより、ジェンダー平等な社内風土の醸成に取り組んだ。具体的には、全国の事業所で取り組まれた好事例が男女共同参画部会事務局により検証され、そこで得られた詳細情報を男女共同参画ホームページや社内誌を通して発信していった。

また、男女共同参画部会事務局スタッフは、男女共同参画に理解を示す役員と一緒になって厚生労働省「女性活躍推進委員会」をはじめとする社外のいくつかの委員会にも積極的に参加した。そこから得た他企業の好事例をはじめとする情報もまた、社内へフィードバックするなどにより、全社員が共有できるようにした。

このような活動を通して、男女共同参画を定着させる社内風土の醸成が確実に進んでいったのである。

(2)　女性リーダー（部下をもつ管理職）の育成・登用［重点課題2］

アクション15では、女性リーダーの育成・登用を促進するため、「女性リーダー育成・登用の比率目標値の設定」「人材育成型人事異動の強化」「リーダー育成・支援のための社内教育の強化」「ジョブ・チャレンジ／社内ＦＡ制度の周知と拡充」「専門職制度の導入」「異業種ネットワークへの参画推進およびメンタリング制度の拡大」の六つのアクションプランを策定・実施した（図表10）。

女性リーダー比率目標値（二〇一三年一〇月までに三〇％）を達成する取り組みに関しては、まず、人事部は、女性の総合職一期生（一九八九年入社、四〇歳前後）から五期生（一九九三年入社、三五歳前後）に該当する人材のなかからリーダー候補者を選抜。それらの女性たちがリーダーに昇格できるよう一人ひとりに即した具体的なキャリアプランを策定し、人事部と女性リー

図表10◆アクション15「女性リーダーの育成・登用」実施結果

No	アクション名	「アクション 15」「女性リーダーの育成・登用」実施結果
2	女性リーダー育成・登用の比率目標値の設定	◆「アクション20」 を継続し意思決定の場に多様な意見を反映させるため、経営戦略として女性リーダー比率目標値（2007年10月：20%、2010年10月：25%、2013年10月：30%）を設定。2010年25%目標に対し19.9%であった ◆決裁会議を除く重要な会議体には、能力・意欲・資質の備わった社員を積極的に参画させるよう、女性社員の参画率30%を念頭に置いてメンバーを見直した ◆コア人材のプール管理やブランドマネジャー研修等には必ず女性を一定割合入れた ◆全社員一人ひとりのプロファイルを整備し、部門・事業所と人材情報を共有し、計画的にリーダーを育成した
3	人材育成型人事異動の強化	◆全国コースの社員は、個人別人材育成計画を基本に、キャリアアップやモラールアップにつながる適材適所の人事異動・配置等男女を問わず積極的に推進した ◆親の介護や子育て期にある社員の全国コースの転勤ルールについて検討し、2008年度に新ルールを導入した ◆事業所コースの社員は、キャリア意識の向上や能力発揮する機会提供の拡大を目的に、転居を伴わない事業所間および事業所内異動の積極推進をはかった
4	リーダー育成・支援のための社内教育の強化	◆資生堂のリーダー（美意識、自立性、変革力、人を育て組織を動かす力をもつ人材）として活躍できるよう、自己変革・動機づけをはかる研修を強化した ◆上司によるOJT（仕事の現場で業務に必要な知識や情報を与え、技術を習得させる）を強化した
5	ジョブ・チャレンジ／社内FA制度の周知と拡充	◆社員のやる気と意欲の向上を促すため、社員自身が主体的に活躍の場を選択できるジョブ・チャレンジ／社内FA制度を周知・拡充した
6	専門職制度の導入	◆特定の分野において、高い専門性を有する人材を育成・確保し、適切に処遇するための専門職制度を策定した
7	異業種ネットワークへの参画推進およびメンタリング制度の拡大	◆視野を広げ、社外でも通用するリーダーに育成するためのキャリア支援として、異業種ネットワークへの参画を促進した。試行中の社内メンタリング制度は拡大できなかった

出所：資生堂資料をもとに筆者作成

ダー候補者の上司である部門長・責任者とが連携して継続的に女性人材の育成にあたった。また、女性リーダー候補者を社外でも通用する人材へと成長させるため、21世紀職業財団主催の異業種ネットワーク「女性活躍サポート・フォーラム」の受講なども促している。さらにその受講履歴を「人事台帳」に記載し、管理職育成・登用に活かすなど、多角的に女性リーダー登用に取り組んだ。

こうした女性リーダー育成・登用のアクションプランの実施プロセスは、終身雇用制に基づく年功序列賃金制度や年功序列型の管理職登用といった日本的雇用慣行に変革をもたらすものである。しかし、図表10の実施結果が示すとおり、六つのアクションプランに取り組んだものの、女性リーダー比率の目標値は達成できなかった。

これには、前述のとおり恒常的な長時間労働と職場でも家庭でも残されている性別役割分担意識とが阻害要因として働いたことに加え、一部の経営層が、「女性の管理職比率の引き上げが業績向上につながるのか」という疑問を抱いていたため、協力が得られなかったという事情もある。さらに、経営計画からは予測できなかった国内グループ事業所の組織統合等の改変があり、リーダーポスト自体が減少したことも登用を阻害する要因となった。

(3)　働き方の見直し、労働生産性の向上［重点課題3］

アクション20における働き方の見直しが、社員の意識向上等の成果はあったものの、明確な目標のない抽象的なものだったことから、アクション15では、労働生産性と関連づける新しい視点を取り込み、より具体的な施策とした。

まず、残業規制は21世紀職業財団が設定しているＷＬＢの認証基準[*35]に近づけ、心身の健康管理上、過重労働のボーダーラインとなる月八〇時間を超える社員をゼロにすることを目標に、最優先事項として取り組まれた。労使協定（三六協定）の締結にあたっては、特別な場合でも月当たり最長八〇時間（四五時間以上八〇時間に及ぶ残業は月単位で年間六回以内）とした。また、長時間労働の削減に向けて三六協定の周知徹底をはかるため、各職場の責任者に協定内容を再確認するとともに、その順守を促すほか、社内掲示板等を活用し社員へも周知などをはかった。

このほか、年次有給休暇の取得推進のため、全社における取得率の目標値を従来より一〇％高く設定し六〇％とした。事業所単位としては、二〇〇九年四月から本社部門が実施した「二二時消灯」がある。これも働き方の見直しと同時に社員の健康面に配慮した取り組みである。

このように長時間労働の削減を日々の活動として定着させていくには、あたかも生活習慣病の治療・改善に取り組むような地道な努力が必要であった。特に、当時は長時間労働と健康問題が社会問題として注目されていた背景もあり、労働衛生管理体制の必要性が強く叫ばれるようになっていた。そこで、アクション15の「働き方の見直し・労働生産性の向上」にも、社員と会社の双方に利益をもたらす「社員の健康づくり」が導入され、心身両面にフォーカスした健康づくりへの支援の必要性が謳われることとなった。これには、経営的視点から「健康管理」を捉え直して「健康経営」につなげる意味があった。

健康経営をめざす資生堂グループが共有する課題は、「生活習慣病対策」「喫煙対策」「メンタルヘルスケア」「女性のための健康管理」の四点である。これらの課題を解決するため、二〇〇八年一月、社内に「衛生協議会」が設置された。資生堂本社人事部ならびに国内グループ企業の人事責任者、産業医・保健師・看護師などの産業保健スタッフ、労働組合代表者、健康保険組合代表者を構成メンバーとして、年二回開催された。

以上のように新たなＷＬＢ施策の一つとして働き方の見直しを推進した結果、業務改革による生産性の向上という点では一定程度の成果を得ることができた。しかし、総労働時間削減に関しては、顕著な成果をあげられたとはいえず、課題が残った。

(4)　仕事と出産・育児の両立支援［重点課題４］

二〇〇八年には、ＷＬＢの施策として新たに「仕事と出産・育児の両立支援制度」を導入した。導入にあたっては、二〇〇四年に作成した『仕事と育児・介護の両立支援ガイドブック』を改訂し、社員が、これらの制度を理解し、育児時間の取得期間の延長や育児休業の分割取得などを活用できるようにした。

同ガイドブックは、妊娠、出産、子どもの年齢を横軸に置いて見やすく表現した「仕事と育児・介護の両立支援タイムテーブル」の頁や、「ＷＬＢを実現できるように」と題した、資生堂のＷＬＢの考え方を解説した頁なども設けられている。そのほかにも、両立支援の制度が「妊娠しているとき」「出産するとき」「乳幼児を育てるとき」「家族を介護するとき」など、社員のライフステージに起こりうる様々なシーンで活用できるよう、手順や申請方法等々をわかりやすく紹介している。

改訂にあたり、男女共同参画部会事務局と資生堂労働組合の協力のもと、男性を対象とした育児参画意識に関するヒアリングが実施された。その結果、「男性が育児休業をとることが当たり前の社会になるべきだ」とする積極肯定派と容認派が合計で約九割にも達し、若い世代の男性社員の子育て意識が確実に変わってきていることが確認できた。

このほかにも男性の育児休業取得促進に向けたキャンペーンなども企画・実施され、これらの取り組みを紹介するために同ガイドブックには男性の育児参画を応援するページも設けられた。同ガイドブックは、二八頁で構成されている。そのうちの四頁分を用いて、「子どもが産まれたら休もう！」というタイトルを掲げ、男性の育児参加を促す休業・休暇制度などの説明とあわせて、実際に育児休業制度などを活用して仕事と育児のバランスをとって働き方の見直しに取り組む男性社員三人のメッセージが写真つきで紹介されている。

さらに、仕事と出産・育児の両立に関しては、地方の事業所に所属し店頭で働く美容職が妊娠・出産・子育てで悩むことがないよう、資生堂の本社内医務室に「チャイルドケアサポートセンター」を設置し、電話やメールでの相談ができるようにした。

その他の新たな試みとして、妊娠・出産、子育て、いずれかの期間にある男女社員が仕事と育児や介護との両立ができるよう、組織や役割を超えて自発的に助け合うためのコミュニティ型ウェブサイト、ソーシャルネットワーキングサービスを開設し、同じ立場にある社員同士のネットワークづくりをサポートした。

アクション15の大きな特色は、これまでの職場におけるジェンダー平等にとどまらず、家庭内のジェンダー平等までその対象範囲を拡大したことにある。さらに、男性の育児参画と恒常的長時間労働の是正をめざすＷＬＢ施策とダイバーシティ施策を統合して積極的に推進したことがあげられる。

このほか、「配偶者の転勤等を考慮した支援制度の整備」（アクション№12）などは、今後、ＷＬＢと女性管理職登用を実現するためにも、ますます重要となってくる。国内の転勤・異動もさることながら、グローバル化の進展に伴い、海外の事業所で働く社員が増加するなかで、育児期・介護期にある社員の転居を伴う異動も少なくないからである。資生堂では二〇〇八年、これに関するガイドラインとして「育児期にある社員の転居を伴う異動に関する運用ガイドライン」の設定・運用を開始した。

それは、育児期にある社員について、本人が希望する場合、転居を伴う異動を免除する、育児時間取得者以外で、小学校三年生以下の子どもがいる人は、特別の事情がある場合に限り転居を伴う異動の免除について配慮する、というものである。育児・介護休業法では、事業主は、社員を転勤させる場合、育児または介護の状況に配慮することを定めている。資生堂では法令に従い、これまでも、子どもの養育状況や家族の介護状況に配慮した異動を行なってきたが、ガイドラインは仕事と育児の両立を一層充実させる具体的対策の一つになるはずである。

2. 成果・業績を重視する人事処遇制度への改訂

すでに述べてきたように、資生堂では日本的雇用慣行を変革するため、ジェンダーフリー活動開始期の二〇〇〇年には男性管理職に対し、「能力のある女性には難易度の高い業務を積極的に与えていくこと」「評価基準に照らした公正な評価に努め、女性社員が感じている評価に対する被差別感を払拭すること」などを徹底し、二〇〇一年にコース別区分を見直した。そして、二〇〇八年には、業績を重視した人事制度を導入し、年齢や勤続年数に応じて平均的な賃金が上昇する仕組みである日本的雇用慣行からの転換をはかった。性別にかかわらず、社員が企業に対して貢献した成果を賃金に反映させ、職務遂行能力によって社員を職能資格等級に位置づけ、処遇を決定するものであり、職能評価と昇格基準をオープンにする仕組みである。この人事制度は、アクション15の女性の経営意思決定への参画加速を視野に入れた女性リーダー育成・登用推進を後押しすることにつながっていった。

(1)　成果・能力主義を徹底した一般社員人事制度

①性別にかかわらず成果と能力で評価する人事制度

二〇〇八年の人事制度改訂の目的は、第一に性別にかかわらず成果と能力主義を徹底することにある。第二に、賃金や昇格運用などにメリハリをつけて、組織活力の向上をはかること。第三に、社員一人ひとりの能力・意欲を最大限に引き出し、各分野のプロフェッショナルな人材の育成を推進すること。そして、第四に、公正で納得性の高い評価制度の運用により活力ある社内風土を醸成することなど、いずれの目的も日本的雇用慣行を排するとともに、人材の多様化を推進し、グローバル化に即した企業の成長を促すものといえる。

②分野別人材育成の基本的考え方

こうした改訂目的にかなうように、「分野別人材育成制度」が導入された。これは、一人ひとりの社員が意欲をもち、能力を最大限に発揮するための仕組みであり、「職種」「勤務コース」「分野」から構成されている。

職種は、「総合職」と「美容職」の二つ、勤務コースは、「総合職・全国コース」「総合職・地域コース」「総合職・事業所コース」の三つに分かれている。ただし、「美容職」に関しては事業所コースと地域コースに限定され、全国コースは設定されていない。

分野は、社員が長期的視点に立って専門性を高めながら活躍し、キャリア形成をはかるために、「美容」「営業・マーケティング」「宣伝制作」「研究開発」「生産」「財務・経理」「スタッフ」の七つのカテゴリーに分類される。

以上のような分類に加えて、一人ひとりが能力を最大限に発揮できる環境整備の一環として、社員自身の希望・適性によって、「職種・コースの転換」が認められる。その際には、業績評価や年数など一定の条件を満たしていることが必要となるが、この転換制度の導入によって、社員のキャリアと育児・介護の両立や定年後の生活設計の見通しがより立てやすくなっている。

③公正で納得性が高い人事考課制度

人事考課においては、業務の成果だけではなく、そのプロセスや行動も適切に評価し、公正で納得性の高い制度とするために、次の五つの施策が講じられた。

◆「成果」と「行動・発揮能力」（プロセス）の双方を半期単位で評価し、年度考課は二回の半期考課により自動的に決定する

◆成果だけではなく、行動・発揮能力についても、それぞれの資格に求められる要件に基づき、上司と本人が対話を通じて評価の納得性を高めるとともに能力開発の目標を明確化する

◆考課区分を五段階とし、社員一人ひとりの成果や行動・発揮能力をよりきめ細かく捉える

◆最終考課の決定方法は、フレキシブルな考課配分が可能なポイントバジェット方式とし、職場の実態に合った運用を実現する

◆昇格については、現資格を一定の評価をもって卒業すると同時に、上位資格に求められる資

格要件を一定以上満たすことで昇格していくという考え方により明確な基準を設定する

④属人的・年功的要素を縮小した賃金制度

二〇〇八年に改訂された賃金制度は、家族の有無による手当の格差などの属人的要素や長く勤めているだけで賃金が上がる年功的要素を縮小させたものである。

総合職社員の基本的な給与項目は、「基本給」「加給」「勤務地手当」「家族手当」の四つからなり、美容職は、「基本給」「加給」「勤務地手当」「家族手当」に加え、「検定手当」「職掌手当」「スキル手当」の七つから構成されている。このうち基本給は、職種に関係なく定額としつつも、転居がありうる全国・地域コースと原則転居のない事業所コースとでは支給額が異なっている。加給は、従来のものとは異なり、年齢ではなく資格ごとに上下限のある範囲給である。仮に、各資格の上限と定めた金額に到達した場合でも、上位資格に昇格しない限り、昇給しない。

昇給額は、「成果昇給」と「昇格昇給」で構成される。成果昇給は能力を発揮し成果をあげた人のために導入されたものだが、賃金制度改訂の目的は、主として人事評価により昇給にメリハリをつけ、能力を発揮し成果をあげた人に大きく報いることにある。

⑤面接を通じた目標管理型評価システム

このほか、所属長との「面接」を通じた対話方式の目標管理型評価システムを取り入れコミュニケーションを促すことで、所属長と部下の相互理解を深めるとともに、人事制度に対する納得性を高め、かつ部下のモチベーション向上をはかった。

(2) 業績重視の管理職処遇制度

管理職の処遇制度に関しては、二〇〇〇年に年功的要素を払拭し、成果・能力主義へと改訂された。二〇〇八年には、さらに業績を重視した成果主義に基づくメリハリのある処遇の実現を通して管理職のやる気を引き出し、組織の活力を高めることをめざして再度改訂された。改訂処遇制度では、給与や賞与が年齢・勤続・家族状況等とは一切無関係に、資格制度上の格付け・ポストならびに半期ごとの評価に応じて決められることになった。この仕組みでは、定期昇給はない。

変革のポイントの一つが、半期単位で報酬が増減する「半期年俸制」である。これは半期ごとに給与と賞与が変動する仕組みであり、同じ資格（部長・次長・課長等）で評価が同じ場合は、（四～九月、一〇～翌三月）の個人業績の評価に沿って、半年ごと（一二～翌五月、六～一一月）半期年俸（給与・賞与）は同じになる。

二つめのポイントは、ポスト任期制の運用変更である。国内グループのリーダー（部下をもつ管理職）全員を対象に、三期間内に期待した成果をあげられなければポストから降職させるというもので、従来のポスト任期制の運用を以下のように変更した。

◆続けて降職を見送ることができる回数を連続二回に設定する
◆連続二回に達した候補者については降職させることを原則とし、二〇〇八年度下期審査から適用する

◆二〇〇八年度下期の審査期より、責任者からは、降職候補者に対する「降職させる」「降職させたくない」の判断とその所見に加えて、新たに本人の今後の改善計画を報告させる

◆降職候補に選定された者は、責任者を通じて本人に通知することにより、より一層の積極的な取り組みを促すこととする

第7章 ［女性管理職登用の発展期］

ジェンダー・ダイバーシティ施策とWLB施策の統合・推進

［第三フェーズ］

1．第三次男女共同参画アクションプラン

二〇一〇年四月にスタートした第三フェーズ「男女共同参画アクションプラン」（以下、第三次アクションプラン）は、アクション20ならびにアクション15を引き継いだものである。これまでの二段階に及ぶ取り組みにより、日本的雇用慣行の払拭はある程度進んだが、「女性リーダーの任用と人材育成強化」「生産性向上に向けた働き方の見直し」という難易度の高い課題が残された。これらの重点課題の解決に取り組む必要があったのだ。

(1)　アクションプラン基本方針

三次にわたる男女共同参画アクションプランの一貫した目的は、「男女を問わず、全社員一人ひとりが能力・意欲を高め、それを最大限に引き出すことによって、組織を活性化し、会社の成長に寄与すること」にある。そしてジェンダー・ダイバーシティとＷＬＢ施策とを統合・推進され、女性が企業組織の基幹的業務を担い、それらの意思決定の場に参画できるまでになった。そこで第三次アクションプランでは、女性管理職登用の質的転換を促進し、女性リーダーを間断なく生み出す企業組織にしていくうえで肝要な「女性リーダーの任用・育成」と「働き方の見直し」の実

現を目的とした。第三次アクションは、女性を仕事と家事・育児に、男性を仕事だけに固定化する性別役割分担を解消し、ジェンダー平等のもと、女性も男性もそれぞれがキャリアアップできることをめざす行動計画である。

(2) 女性リーダー（部下をもつ管理職）の育成・登用

二〇〇五年に開始されたアクション20では、国内グループの女性リーダー比率目標値（二〇〇七年一〇月：二〇%、二〇一〇年一〇月：二五%、二〇一三年一〇月：三〇%）が定められていたが、二〇〇九年時点で一八・七%と、その目標を達成できずにいた。そのため、第三次アクションでも、アクション20、アクション15の取り組みを総括したうえで、女性リーダー比率三〇%という目標はそのまま踏襲されることになった。

これには二つの理由がある。まず、政府が二〇〇三年に「社会のあらゆる分野において、二〇二〇年までに、指導的地位に女性が占める割合が少なくとも三〇%程度になるよう期待する」という目標を決定していたこと。また、これより一〇年以上遡る一九九〇年、国連のナイロビ将来戦略勧告においても「指導的地位に就く婦人の割合を、一九九五年までに少なくとも三〇%にまで増やす」という方針が示されており、女性リーダー比率三〇%というのは、国際的には早くからスタンダードな目標値となっていたのである。

もう一つの理由は、資生堂の国内グループ組織の人員構成の変化である。もともと女性社員の多い企業ではあるが、なかでも職務の中核を担う三〇～四〇代の社員に占める女性の割合が、二〇一一年の一五％程度から、男性社員の大量定年退職により数年後には約五〇％にまで急増することが予想された。急激な人員構成の変化に対応するためにも、女性リーダー登用は漸次的な数の増加を待つのではなく、積極的に任用・育成促進策を講じることが必要になったのである。

そして、これを実現させるためのジェンダー・ダイバーシティの具体的な手立てとして、「女性リーダー任用・育成」については、リーダー候補となる女性一人ひとりに対する「一人別人材育成計画」が取り組まれ、同時に、管理職ポストが新設された。また、アクション15で掲げられた人材育成型人事異動が強化された。さらに「男女共同参画ポジティブ・アクション―キャリアサポートフォーラム」を開催し、経営トップが女性リーダー任用・育成の促進をコミットメントした。

こうした取り組みが、第三次アクションに掲げる「女性リーダーが恒常的に生まれる社内風土の完成」を具現化していくことになる。

(3)　WLBの実現をめざした働き方の見直し

継続的に女性管理職の登用をはかるには、働き方の見直しが欠かせないという従前からの認識から、アクション20では長時間労働削減に向けた任用リーダー業績評価やマネジメントの強化研修、残業事前申請の実施などに取り組んだ。さらにアクション15では、これを生産性向上と関連づけ、社員の健康管理と労働環境の整備という新しい視点からの長時間労働削減や柔軟な働き方の導入などが進められてきた。特にアクション15では、「魅力ある人づくり・職場づくりをめざす」という方針の一環として、推進されたのである。

これらをふまえ、第三次アクションでは、二〇一〇年度の初めに「働き方見直しガイドライン」を打ち出し、そこで明示された、二〇一二年度までの三年間の具体的な数値目標の達成に向け、国内のすべての事業所で働き方見直しの活動が始まった。その目標は、①三六協定の順守（特別条項を含む）、②年次有給休暇取得率六〇％、③残業時間を二〇〇五年度から二〇〇八年度までの四年間の平均値以下に削減する、の三項目である。

さらに、第三次アクションの中間年にあたる二〇一一年度には、労使による「働き方の見直し」の強化策が示された。そこでは、ガイドラインで示した目標（三六協定の順守）のうち月当たりの時間外労働が最長六〇時間以内（年六回まで）にまで短縮され、各職場で長時間労働のさらなる削減に取り組むこととなった。また、労使は、労働時間や有給休暇取得率の実績を定期的に確認し、課題を共有した。

このように、資生堂の働き方の見直しは、ＷＬＢの実現をめざしたものであり、生産性を向上させ、ひいては女性管理職割合の引き上げを加速させるものでもある。具体的には、次のような施策のもと、その実現がはかられた。

第一に、ガイドラインとして提示した「時間外労働の削減」「有給休暇取得率の向上」「残業時間の削減」の三項目それぞれを、部門・事業所の責任者や社員個人を評価する基準とすることで、生産性の高い働き方を意識的に追求するようにした。そのためには、日本的雇用慣行では曖昧になっている職務を明確にすることが求められたことから、職務権限規定・職務記述書の作成と、それに基づく部門・事業所における「業務改革の確立」、そして業務生産性を基準にした業務評価が徹底された。

また、働き方の見直しには、時間外労働時間の削減だけではなく、柔軟に働ける環境づくりも必要となる。そこで、生産性の高い働き方を目標に、育児・介護などで「会社に在席できる時間に制約がある社員」を対象に、事業所・部門責任者からの申請により在宅勤務を可能とする「在宅勤務制度」が導入された。

さらに、より一層長時間労働を削減するために、以下のとおり、管理職が実行すべき具体性のある七つの取り組みも掲げられた。

◆管理職自身が効率的な業務の運営に心がけ、業務量や重要な業務が特定の部下に偏らないよう、とりわけ配慮する
◆管理職がグループ内で業務情報が共有できるよう徹底し、社員も工夫する
◆管理職とグループメンバー間の円滑なコミュニケーションに配慮する
◆管理職は部下に対し突発的な業務が生じないよう計画的に仕事を進める
◆部下の一人ひとりがタイムマネジメント意識をもって仕事を遂行する

◆習慣的に続けられてきた資料作成や会議体の見直しをはかる。いくつも設定されている会議のあり方や開催回数を見直して不要な会議は削減し、また会議資料の事前配付の徹底などにより会議時間を短縮する
◆管理職自身が仕事の仕方にメリハリをつけ、率先して生活を大事にしてWLBを実践する

このように、第三次アクションは、ジェンダー・ダイバーシティ施策とWLB施策とを統合して進めるうえで絞り込まれた、課題の解決をめざす女性管理職登用推進施策なのである。

2. 女性管理職登用と経営パフォーマンス

資生堂の女性管理職登用の取り組みは、単に「比率を増やす」ものではなく、その登用を阻害する要因である日本的雇用慣行を変えることで、構造的革新による新しい企業経営を模索する施策である。そして二〇〇〇年以来、ジェンダー・ダイバーシティとWLBを統合し同時に推進してきた施策は、女性管理職登用を推進し、仕事と育児の両立を実現するだけではなく、結果的に企業内の多様性を促し、経営パフォーマンスを向上させるなど大きな成果をもたらした。

むろん、すべての目標が達成されたわけではなく、改善、着手すべき課題は山積している。その課題や今後の方向性を探るためにも、ここで女性管理職登用の発展期の成果を振り返りたい。

(1)　女性管理職登用と経営パフォーマンスとのグッドサイクル

資生堂の国内グループでは、女性リーダー（部下をもつ管理職）の育成・登用推進に向け、女性管理職育成・登用のキャリアパス設定や長時間労働の削減等に取り組んだ結果、女性管理職の比率は二〇〇〇年の五・三％から、二〇一四年四月一日では二六・八％へと五倍近く増加した。海外事業所における女性管理職の比率も、二〇一三年三月には四六・五％へと上昇し、先進諸国の女性管理職と比較しても高い数値にある。

これと照応するように財務業績は、二〇〇〇年三月期決算の売上高五九六六億四三〇〇万円、ROA（総資産利益率）二・四％、ROE（自己資本利益率）三・六％が、二〇一四年三月期の決算では、売上高七六二〇億四七〇〇万円、ROA三・四五％、ROE八・三五％と、売上高、ROA、ROEのどれもが増加している。これは、女性管理職登用によって経営パフォーマンスが改善されるというグッドサイクルが生み出されたことを示している。

この、新しい経営のグッドサイクルとは、資生堂を例にすれば次のように描くことができる。

女性が社員の約八割を占める資生堂において、「買い手」であり「使い手」でもある女性が「作り手」のリーダーになれば、ユーザーの視点に立った新しいタイプの化粧品が生まれ、ヒットする可能性が高い。一例をあげれば、二〇一三年には「保湿クリームからつくった化粧水」という日中用美容乳液は、商品化後の約二年間で一二〇万本を超える出荷を記録した。また、一品で五役（化粧水、美容液、乳液、マスク、クリーム）の機能をもたせるという従前にない効果と簡便性の双方を兼ね備えた商品も売り上げに貢献している。

売り上げという財務指標だけではなく、商品をベースとした美容講座などのＣＳＲ活動も活発に展開され、高齢者施設へのボランティア活動が「化粧療法」を生み出すきっかけになった。これにより、企業の社会的責任（ＣＳＲ）に関連する外的評価も高まる。女性が活躍している企業として、メディアを通してブランド価値も向上し、優秀人材の採用・定着が可能になる。さらに外国人株主が増加し、国内の株主からも支持されるようになり、ＳＲＩ（社会的責任投資）の対象企業として選別され、安定的資金調達が期待できるようになった。

このように、女性管理職登用数が増加してダイバーシティが進めば、経営パフォーマンスも向上していくのである。ただし、財務業績は、為替相場や株価、政治問題、国際紛争、震災などの自然災害等々、多くの要因が複雑に絡み合って変動していることには留意が必要である。

(2)　日本的雇用慣行の変化と施策による成果

ジェンダー・ダイバーシティ施策とＷＬＢ施策を同時に推進することで日本的雇用慣行は確実に変化し、ダイバーシティ経営が進んでいく。資生堂では次のような成果が得られた。

①女性管理職の増加

特に二〇〇〇年以降、女性管理職育成・登用のキャリアパスが設定されたことで女性管理職の

図表 11 ◆国内グループ女性リーダー（部下をもつ管理職）登用の推移

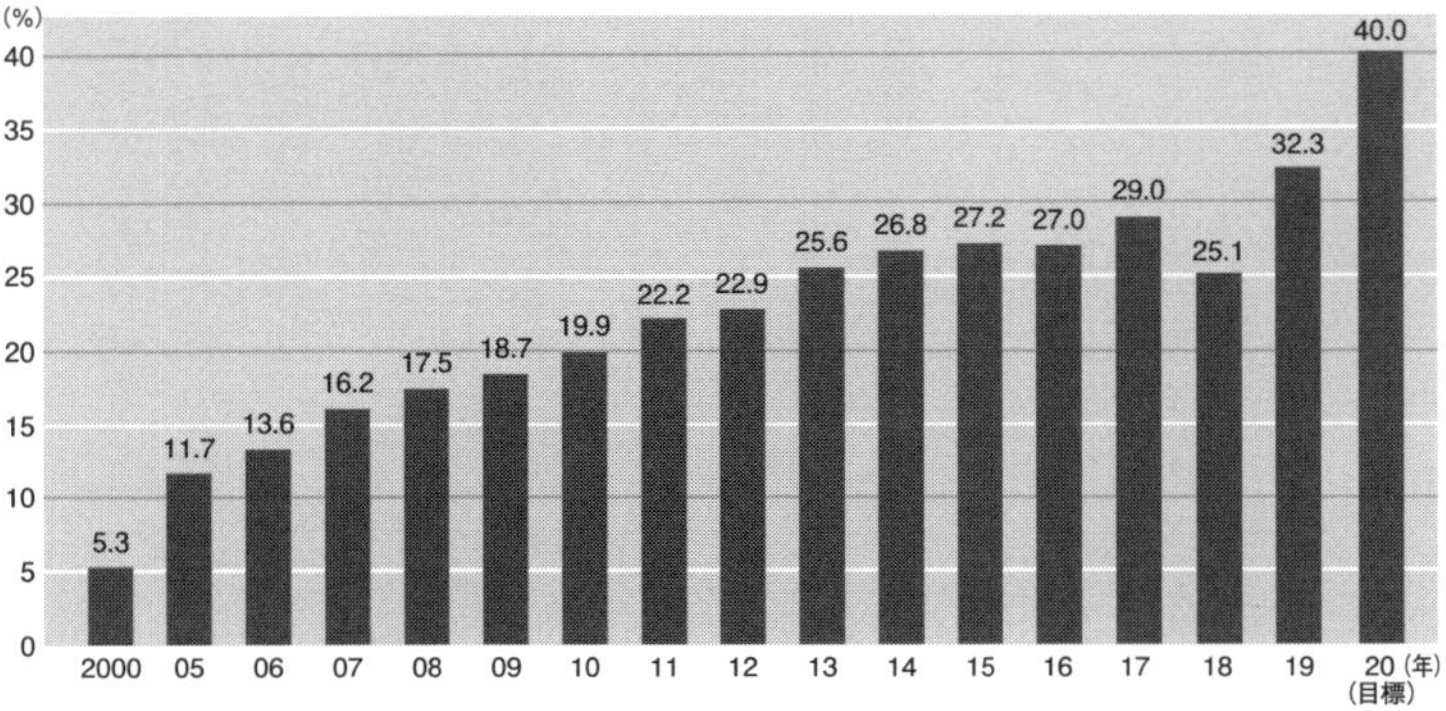

注：2015年までは各年4月1日時点、2016年以降は1月1日時点の実績。2006年に算出方法を変更しているため、必ずしもそれまでのデータとは接続していない
出所：資生堂資料をもとに筆者作成

増加が加速し、二〇〇〇年に五・三%だった管理職の女性比率は、二〇〇五年には一一・七%へと倍増した。そして二〇一七年には三〇・〇%と、二〇〇〇年の五倍以上となった（図表11）。特筆すべきは、海外事業所の女性管理職比率が四六・五%（二〇一三年）と、先進諸国と比較しても高いことである。

②恒常的な長時間労働の減少

女性管理職登用促進に向けた働き方の見直しを重点課題として取り組んだ結果、一人当たり一年間の所定外労働時間は二〇〇五年度が二七六・五時間だったのに対し、二〇一二年度では一八八・五時間へと削減され、月八〇時間を超える長時間残業を行なう社員はいなくなった。有給休暇取得率についても二〇〇五年度に六一・七%だったものが、二〇一二年度には七〇・〇%へと上昇しており、日本の平均取得率四九・三%[*36]と比較して二

○%も高い。

③育休・育児時間制度の利用促進

資生堂では、以前から法令を上回る育児休業制度と育児時間制度が確立されていたが、これが全社員に周知されたことに加え、育休者と育児時間（短時間勤務）制度取得者の代替要員を整備したことにより、制度利用のハードルが大きく下がった。二〇〇二年度の育児休業取得者が五〇〇名超だったのに対し、二〇一三年度には一五〇七名と約三倍に増加した。育児時間（短時間勤務）制度利用者も、二〇〇二年度は五〇〇名未満（総合職・美容職合計）だったものが、二〇一三年度には一八二九名と急増している。特に育児時間（短時間勤務）を取得する美容職の代替要員として店頭業務を担ってもらう仕組みであるカンガルースタッフ体制を二〇〇七年に導入して以降、店頭業務に従事している美容職が育児時間制度を取得できるようになり、出産・育児で退職する女性社員はいなくなった（図表12）。女性たちに継続就業が可能になったことで女性管理職の候補者も自ずと増えることになった。

また、男性の育児休業取得者も増加した。とりわけ若い男性層は、「育児は女性の役割」という旧来の価値観から、「男女ともに育児をしたほうがよい」へと変わっていった。この男性たちの育児体験が、固定的な性別役割分担意識解消へ道筋をつけていく意味は非常に大きい。

④離職率の低下

二〇一二年度における離職率は、管理職・総合職二・〇%、美容職二・二%と一桁であり、日

図表 12 ◆国内グループ育児休業・育児時間取得者の推移

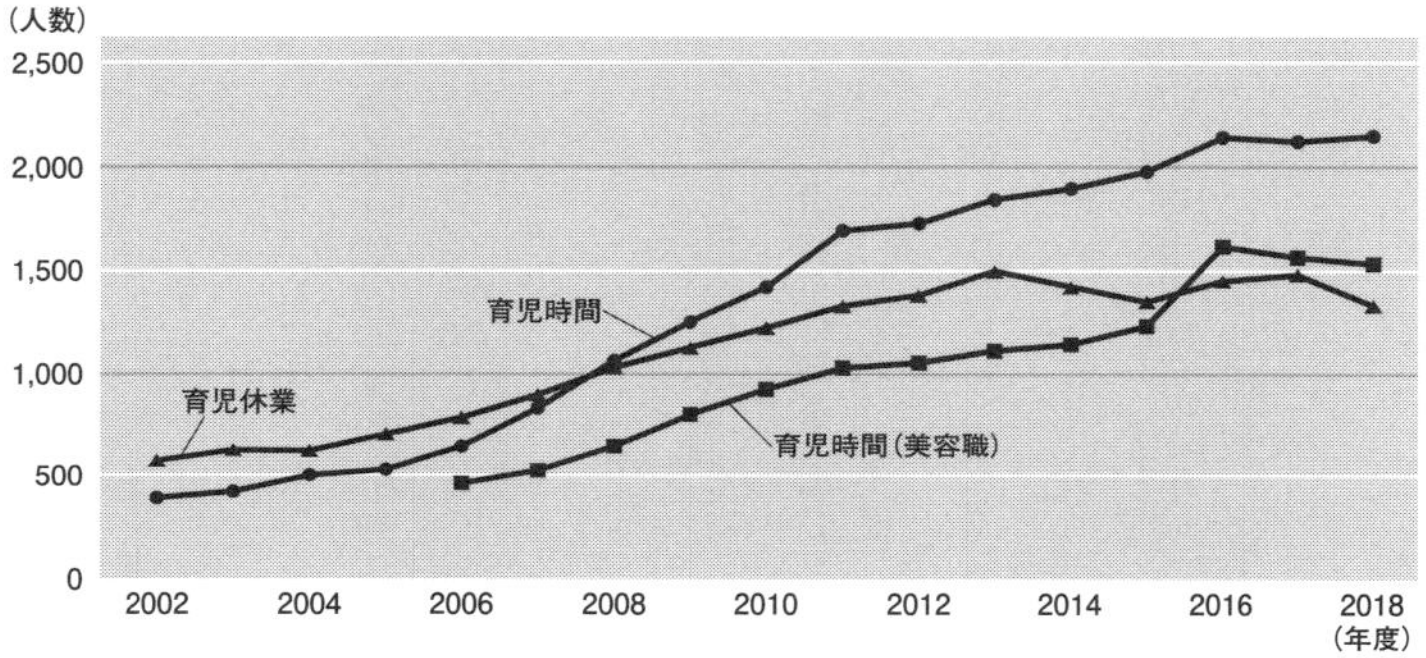

出所：資生堂資料をもとに筆者作成

本企業の平均離職率一四・八％と比較して大幅に低い。これはWLB施策が子どもをもつ社員、これから子どもを産もうとしている社員の退職を未然に防止していることを示している。高い離職率は、時間とお金をかけて採用・育成してきた人材の放出を意味する。つまり、WLB施策は採用と育成のコスト削減にも貢献しているのである。

⑤新卒女性の採用拡大

総合職・全国コース採用における女性割合が、長期傾向として男性を上回るなど、人事採用においてジェンダー平等が進んだ。男女の雇用機会の均等はジェンダー平等の入り口であり、これなくして女性活躍の推進はありえない。二〇〇四年度から二〇一二年度までの九年間で同コースの採用人数は一一〇七名、うち女性の採用は五八二名（五二・六％）と男性を上回っている。一九七〇年代の資生堂は、理科系の四年制大学卒の女子学生を研究職として毎年少数採用していたにすぎず、事務系採用にあっては不定期で、しかも「寿退社」する女性が多かった。当時を振り返ると、採用人事が大きく前進し、女性活躍の起点をつくり出したことがうかがえる。

⑥就職希望者の増加

女性にとって働きがいがあり、結婚・出産しても働き続けることができ、しかも男女の採用機会が均等であり、離職率も低い。そんな会社として社会的な認知が進んだことで、とりわけ女子学生にとって就職希望の非常に高い企業としての評価が定着した。こうした評価は、会社にとって女性総合職をはじめとする意欲的な人材の採用につながる。一例をあげれば、一九七八年から毎年実施されている毎日コミュニケーションズによる「マイコミ大学生就職企業人気ランキング」の二〇一一年卒業予定者の調査では、資生堂は文系総合が二位、理系総合は四位となった。

⑦女性活躍のリーディングカンパニーとしての高評価

ジェンダー・ダイバーシティ政策とＷＬＢ政策とを組み合わせ、同時に実現をはかってきた取り組みは、外部からも高い評価を受けている。

まず、二〇〇〇年度の「均等推進企業表彰労働大臣努力賞」に続き、二〇〇四年度には男女共同参画の本格的推進をスタートさせたことで「均等推進企業表彰厚生労働大臣最優良賞」を受賞した。また二〇〇五年からスタートしたアクション20（男女共同参画アクションプラン20）は、東京労働局の「次世代認定マーク（くるみん）」の取得につながるなど、高い社会的評価を受けた。さらに、二〇〇七年にはじまったアクション15（男女共同参画アクションプラン15）の取り組みで「にっけい子育て支援大賞」、二〇〇九年度には「男女共同参画社会づくり功労者内閣総理大臣表彰」と、東洋経済第二回ダイバーシティ経営大賞「ワークライフバランス部門賞」、二〇一一年にワーク・ライフ・バランス推進会議「第五回ワーク・ライフ・バランス大賞」の優秀賞などを次々と受賞することとなった。

「女性活躍」の格付けでみると、リクルート「就職ブランド調査二〇〇八」、東洋経済CSR企業調査二〇〇九年「働きやすい企業ランキング」のいずれにおいても第一位を獲得し、月刊誌『日経WOMAN』が二〇一三年に実施した創刊二五周年記念「企業の女性活用度調査[*37]」では、各企業の女性活躍への取り組みに対する総合評価で、第二位にランクされた。

(3)　管理職登用の残された阻害要因と課題

以上のような成果は、ジェンダー・ダイバーシティ施策とWLB施策を組み合わせて推進したことで、女性管理職登用の推進をめざした資生堂の取り組みが、時代に即した適正なものだったことを実証するものといえる。また、この活動を通して、男女ともにキャリアと育児の両立が可能な企業風土が醸成されてきたことも確かである。

しかし、グローバル化の進展等、ビジネス環境がドラスティックに変化するなかで、新たな問題も生まれるなど、今後、女性管理職登用を維持・向上していくために解決すべき課題は多い。

例えば資生堂の国内事業所の女性管理職は、二〇〇〇年以降、急速に増加しているとはいえ、海外事業所の女性管理職比率四六・五％（二〇一三年）と比較すれば、いまだ半数程度にすぎない。今後はさらに登用のスピードアップをはかり、国の内外問わず、意思決定ボードにおけるパワーバランスを変えていく必要がある。そのためには、国内の女性管理職登用を妨げている個別要因を明らかにしなければならないが、現状では、以下の四点が考えられる。

①転勤・異動問題

男性に比べて、住居の移転を伴う転勤を望まない女性が多い。また人事部門にも女性の異動には必要以上に配慮する慣習が根強く残っている。これは、ジェンダー平等が進んでも、家族の固定的性別役割分担という意識が消えることはなく、子育てなどの家庭問題によって、女性本人が踏み出せなかったり、家族の同意を得られなかったりするケースが多いためである。人事部門もこうした点を認識していることに加え、前例も少ないことから、リスク回避の思考が働き、女性の異動に消極的になってしまうのである。

転勤や異動については、男女の賃金格差、社会保障や税制、そして学校教育・家庭教育・社会教育に及ぶ教育の実情などが複雑に絡んでいるのも確かだが、グローバル化のなかで海外転勤まで視野に入れる必要があり、大きな改善が求められる。

②ジェンダー間職務分離問題

ジェンダーフリーへの取り組みの結果、ジェンダー間職務分離はある程度改善されたものの、いまだ業務によっては性別役割分担は残っており、課題が完全に解決されたとはいえない。

③育休三年・小学校三年までの短時間勤務とキャリアへの影響

資生堂の現行制度である三年間の育児休業（通算五年）と小学校三年までの育児時間（短時間勤務）を限度一杯取得し、女性社員が仕事時間から離れて育児・家事を担った場合、一〇年以上のキャリアロスが生じる可能性が高い。これらによるキャリアブランクが、昇格・昇進に必要な業績結果の累計点数を減少させることにつながり、結果的に、キャリア形成のチャンスを逸することにもなっている。

④男性管理職・役員の「男性優位」の意識

昇進・昇格推薦の際、片働きからくる固定的性別役割分担等の「現実問題」や世帯単位の税制・社会保障などにより、男性管理職や役員には、男性優位の意識が働く傾向があり、そうした企業風土の改革には至っていない。

前記①～④のような状況を改善するためには、これまで資生堂が講じてきたジェンダー・ダイバーシティ施策やＷＬＢ施策を進化させて、さらなる意識改革をはかり、また男女ともにキャリアと育児の両立ができるような体制づくりをしていく必要があるだろう。しかし、同一企業に夫婦が勤めているケースは全体としてみれば多くないことを考えれば、産業界や行政の連携が不可欠である。社会保障や税制、教育のあり方といった構造的な問題を社会全体で解決していくことが求められる。

第 8 章 ［女性管理職登用の成熟期］

キャリアアップと働き方改革

資生堂は、ＷＬＢ実現に向け、一九九〇年から他社に先駆けて法律を上回る仕事と育児・介護の両立支援制度を導入し、継続して運用の充実をはかってきた。また、二〇〇〇年から二〇一六年三月現在に至るまで、経営方針として女性管理職登用（ジェンダー・ダイバーシティ）に取り組み、なかでも、二〇〇五年からは、ジェンダー・ダイバーシティ施策とＷＬＢ施策を同時に推進して女性リーダー登用を加速させ、全社をあげて女性活躍を進めている。

これらの系統的な取り組みの成果をふまえ、二〇一三年度からの重点課題は、育児に加え、介護に直面する社員がますます増加することが確実視されていることから、「育児と介護をしながらキャリアアップをはかる」働き方をいかに構築できるのか、に移っていった。

1．ジェンダー・ダイバーシティの推進

(1)　女性リーダー（部下をもつ管理職）の育成・登用

女性リーダーの育成・登用については、二〇一〇年度に実施した「第三次アクション」を継続し、リーダーに占める女性比率三〇％を確実に達成する取り組みとして、リーダー任用候補となる女性社員に対する、一人別の中長期的な育成計画が二〇一三年度にも策定された。「一人別中長期的育成計画」とは、当該女性社員それぞれに高いレベルの業務課題を与えて職域を拡大し、

そのために必要な異動などを経験させ、自ら実績をあげながらマネジメントの基本を学ばせる育成プランである。この実施・確認により、二〇一五年四月時点でリーダーに占める女性比率が二七・二％となり、ポジティブ・アクションに踏み切った二〇〇〇年の五・三％と比較して五倍、二〇〇五年の「アクション20」の策定時一一・七％と比べても二倍強伸長している。

なお、二〇一六年一月時点では、資生堂グループの海外事業所の女性リーダー比率は六四・五％、国内事業所の女性リーダー比率は二〇一七年に三〇・〇％とさらに増加している。

(2)　女性社員の育成

女性社員の育成は、男性社員同様、人材育成計画を立て、様々なキャリアを積ませ、成功体験を促すことなどにより実施している。

若手社員のジョブ・ローテーションは通常三～五年ごとが目安であり、この間、幅広い業務を経験させ、多様な視点を養い、本人の適性を見極めつつキャリア形成をはかるものである。社員には受け身の姿勢ではなく、自律的にキャリア開発を行ない、自らが目標とするキャリアの形成を促している。

また、育児期にある女性に対しては、これまでは仕事よりも育児を優先させる傾向にあった。しかし、育児時間取得者が増えてきたことから、育児をしながらも、異動や新しい業務経験を通じてキャリア形成を可能にする、より次元の高い働き方の改革に取り組んでいる。

(3)「女性活躍」取り組みの成果

前述のような一連の取り組みが認められ、二〇一二年度に経済産業省より「ダイバーシティ経営企業一〇〇選」に選出された。これは、「女性、外国人、高齢者、障がい者等を含め、多様な人材を活用して、イノベーションの創出、生産性向上等の成果を上げている企業」を選定するもので、累計一〇〇社をめどに表彰している。資生堂は、「女性、外国人、障がい者」の三項目が以下の理由で評価された。「女性」の項目では、二〇一二年度において部下をもつ管理職であるリーダーに占める女性割合が二五・六％に達したこと、「外国人」の項目では、後述するようにグローバル事業の展開に伴って人材のグローバル化を推進していること、「障がい者」の項目では、特例小会社「花椿ファクトリー」が法定を上回る障がい者を雇用し、積極的に仕事を任せてキャリア形成をはかっていること、である。

二〇一五年一月には、「女性が輝く先進企業表彰」において、内閣府特命担当大臣表彰を受賞した。この表彰は、女性が活躍できる職場環境の整備を推進するため、役員・管理職への女性の登用に関する方針、取り組み、および実績、ならびにそれらの情報開示において顕著な功績があった企業に与えられるものである。

さらに二〇一六年五月には、『日経ＷＯＭＡＮ』「女性が活躍する会社ＢＥＳＴ一〇〇」の総合ランキングにおいて三年連続第一位になった。それは、育児短時間勤務制度を利用している美容職約一二〇〇名を対象に働き方改革を実施したこと、長期間にわたり女性の管理職を育成・登用してリーダーに占める女性割合を増加させたことなど、美容職を含む女性社員がより活躍でき、働きがいのある職場環境の整備に取り組んできた成果といえる。

2. グローバル人材の育成と評価方法の開発

資生堂では女性活躍への取り組みをイントロダクションとして多様性に富むグローバル人材の育成をめざしており、これを可能にする新しいステージを拓く段階に入ってきている。

資生堂がいう「グローバル人材」の定義とは、第一に、国内外を問わず、いかなる環境においても、高い付加価値のある仕事を生み出すことができ、第二に、幅広い視野をもち、グローバル最適の観点から物事を発想し、思考できる人材である。

グローバル人材の育成にあたっては、国内の中堅・若手社員を対象に「グローバルビジネス研修」が行なわれている。この研修は「グローバルキャリア開発プログラム」の実施を通して、異文化適応力やグローバルビジネスの理解力などを備えた人材を育成するものである。

今日、多様な人材を受け入れるにとどまらず、その多様な能力を組織に貢献できるようにするためにダイバーシティ（Diversity）だけでなく、これを実現していくプロセスに目を向けた社会的な包摂といわれるソーシャル・インクルージョン（Social inclusion）が一体となって追求されるようになってきている。

資生堂では、二〇一五年度にすべての人事施策の拠り所となる「資生堂グローバル人事ポリシー」が策定された。そこでは、資生堂のすべてのグループ企業が守るべき世界統一基準に基づく評価や処遇などをルール化している。

これは、単なる宣言ではなく、グループ共通の価値軸として、すべての人事施策の基点を明確にするものである。とりわけ重要な評価・処遇に関するルールでは、先入観による既成概念や印象による評価を取り除き客観的事実に基づき評価するよう明文化されている。また、社員個々人の能力や成果、貢献度を測る仕組みとして、成果・業績だけでなく、プロセス（発揮能力）も重視した育成型の能力評価を取り入れている。このルールのもと、これまで以上にマネジメント研修や新任評価者研修を実施し、管理職のマネジメントスキルの向上をはかっている。

さらに、管理職には「管理職三六〇度フィードバックプログラム」が活用され、上司だけでなく同僚、部下を通じて観察された資質や行動などに基づき評価し、その結果と自己評価を比べ、自己評価とのギャップから自己を客観的に捉え直す機会となっている。その目的は、自主的にマネジメントスキルの向上をはかることにある。

ルールの運用基準となるガイドラインでは、評価や昇格の基準が社員へ開示され、リーダーが一年に一回以上、社員と評価面談を実施することになっている。その評価結果は、社員にフィードバックされることが定められている。

3. ＷＬＢの新たな課題

(1) 男女ともにキャリアアップと育児・介護との両立

日本企業の大半は、現在も依然として、仕事と育児の両立がハードルとなっているが、前述のとおり資生堂では、育児休業法が施行される二年前の一九九〇年に同法を上回る「仕事と育児との両立制度」を導入し、運用してきた。また、仕事と介護との両立においても、育児・介護休業法が施行される二年前の一九九三年に「仕事と介護との両立制度」を導入している。

二〇二五年には団塊の世代が七五歳以上となり、要介護・要支援となる親をもつ世帯が増加することが見込まれ、団塊世代のジュニア層に相当する社員の間に、今後ますます育児と介護のダブルケアの課題を抱える人の増加が確実視されている。この深刻な事態をふまえると、「男女ともにキャリアアップをしながら育児・介護との両立」をはかることは、業種を問わず日本企業の共通した課題目標となる。しかし、このハードルの高い課題にチャレンジして実現した企業事例は、筆者の知る限りないものと思われる。

実現できた企業がないからこそ、ダイバーシティとＷＬＢを推進するリーディングカンパニーである資生堂が、「男女ともにしっかりキャリアアップしながら育児・介護との両立」を実現し、日本企業の手本となることが期待される。

①次世代育成行動計画

資生堂は、二〇〇七年および二〇一三年に次世代育成支援対策推進法の認定を受け、東京労働局より「次世代認定マーク（くるみん）」を取得した。以下は、二〇一三年に取得した際の、次世代育成支援対策推進法に基づく第四期の一般事業主行動計画の概要である。

【株式会社資生堂 第四期一般事業主行動計画】

計画期間：二〇一三年七月二六日から二〇一六年三月三一日まで

1　仕事と家庭の両立支援をテーマとする啓発イベントを開催する

二〇一三年六月〜内容構築、参加者募集

二〇一三年九月　イベント開催

2　所定外労働の削減のための措置を実施する

二〇一三年度〜　労働時間管理ガイドラインを提示し、進捗管理を徹底する

3　職場優先の意識や固定的な性別役割分担意識の是正のため、育児期男性社員を対象とする啓発イベントを実施する

二〇一三年八月〜内容構築、参加者募集

二〇一四年一月　イベント開催

４　子どもが親の会社を訪問する「ファミリーデー」を毎年開催し、子どもの職業観醸成、家庭や職場でのコミュニケーション活性化をはかる（会場は、過去開催の本社オフィスのみならず、他事業所の訪問も検討する）

毎年六月～内容構築、参加者募集

毎年八月　イベント開催

この行動計画については、美容職が所属する資生堂ジャパン株式会社（資生堂化粧品のカウンセリング・販売などを事業としている資生堂販売株式会社を社名変更）においても同じ取り組みを行なっている。

②求められる男性の育児参画

男性社員の育児休業取得率が低く育児参画が進まないことから、人事部のダイバーシティ推進グループが中心となって男性社員向けの「イクメンランチ」を企画した。二〇一三年四月に第一回目が開催されたが、このイベントを通してわかったことは、二〇〇五年から次世代育成支援対策推進法に基づく行動計画が策定され、男性社員の育休取得促進が取り組まれてから一〇年近く経ったにもかかわらず、男性が育休を取得することに対する抵抗感が、本人にも職場にも存在していることである。

そこで、第二回目のイクメンランチでは、男性側の育児参画意識が希薄であることに気づきを与える企画が立案され、キャリアアップと育児との両立を果たしている女性管理職が招かれた。

男性社員から提起された「私は、かなり家事や育児を手伝っておりますが、まだ足りないでしょうか」という質問に対し、女性管理職からは「そもそも、手伝っているという意識それ自体が誤っている。家事や育児は、本来、夫婦が共同し分担し合うものである」といった具体的なコメントがなされている。

こうしたコメントを聞いた男性社員たちは、家事・育児参画のあり方に対し気づきを得て、これを機会に自主的に「イクメンクラブ」を結成し、参加者同士がネットワークをつくって男性の家事・育児について話し合うようになった。

しかし、二〇一四年度における資生堂国内グループの短期育児休業も含む育児休業取得者数一四二一名のうち、男性はわずか九名にすぎない。短時間勤務育児時間取得者数も一八八二名中、男性は七名ときわめて少ない。二〇〇五〜二〇〇六年度にかけての第一フェーズ「アクション20」の時点では、男性社員の育児休業取得者は三二名いたことから、大きく後退しているのだ。

アクション20当時は、すでに述べたように本社の男女共同参画部会事務局が労働組合と連携して男性の育休取得に向けた「ＷＬＢ塾」を開催し、『仕事と育児・介護の両立支援ガイドブック』を通して男性育休取得の必要性を説くと同時に男性育休取得キャンペーンを企画、さらに社員夫婦でハロウィンのイベントに参加して女性だけでなく男性も子育てするという意識・行動改革を促すなど、積極的かつ連続的な取り組みを実施していた。

二〇一〇年には、改正育児・介護休業法に基づき、「配偶者の出産後八週間以内に父親が育児休業を取得した場合には、育児休業を再度取得できるとする制度」を導入した。しかし、制度を導入しただけで、根深いジェンダー・バイアスを払拭して男性の育児参画を促す施策を継続しなかったことにより、男性の育休取得者が減少したのである。つまり、男性の育児参画でみられたジェンダー・バイアスのもとでは、前述のような施策を継続しなければ後退するのである。

もっとも、一企業での取り組みには限界があるのも事実である。産業界と行政が連携して男性の育休取得と育児参画を可能にする働き方の見直しや企業風土の醸成、それを実現する法制度の導入が急がれる。

このように、女性活躍を強力に推進するには、女性だけが育児を担うといった固定的な性別役割分担意識を解消し、家庭内で男女が協働して家事・育児・介護にあたる、いわゆる家庭内のジェンダー平等が不可欠である。家庭内のジェンダー平等が、企業業績の向上をもたらす女性活躍の今後を左右する重要課題となってきているといえよう。

③仕事と介護の両立

資生堂の二〇一四年度の介護休業取得者数をみると、二六名すべてが女性である。短時間勤務介護時間取得者数でも一六名のうち男性は一名にすぎない。しかし、すでに指摘したとおり、今後は、団塊世代ジュニア層の社員が介護の課題を抱え込むことになる。いまから、介護による離職防止に向け、社員に対し仕事と介護の両立支援に一層取り組む必要があるのだ。

働きながら介護をしている人は二九〇万人（総務省「就業構造基本調査」二〇一三年七月）に

も達し、各種調査でも、二〇二〇年までに介護に直面する可能性のある四〇歳以上の男女労働者は八〇％と見込まれている。こうしたことを勘案すると、介護する当事者だけでなく企業経営や社会にとっても、今後、仕事と介護との両立は、喫緊の課題となっていることがわかる。

介護を抱えた時間制約のある社員となる中高年男性が増えていくだけに、前述した男性社員の育児参画の促進により、育児を男女がともに担うようになれば男性自身が直面する介護にも適応できる可能性が増していく。このことは「介護離職」をなくす一助になる。

このような背景から、二〇一五年二月に開催した資生堂の「D＆I（Diversity & Inclusion）フォーラム」は「仕事と介護の両立」をテーマとするなど、男女社員がキャリアアップをしながら介護との両立を実現できるよう準備を進めている。

(2)　働き方の見直しと長時間労働の削減

これまで述べてきたように、女性が活躍するには男性の長時間労働削減など働き方の見直しが不可欠である。早くから資生堂にはこの問題意識があり、アクション20（二〇〇五年度第一フェーズ）から開始したWLB実現への取り組みを、それ以降も継続してきた。二〇一一年度には「労働時間に関するガイドライン」（三六協定の順守、時間外労働の削減、年次有給休暇の取得率向上、総実労働時間の削減）を設置し、働き方の見直しにも着手した。

また事業所・部門では、働き方の見直しに取り組むにあたり、本社人事部の事務局が制作・配布した各職場の働き方見直しの好事例を掲載した事例集『働き方見直しガイドブック』が活用されている。二〇一三年度以降は、国内の事業所および関係会社の働き方見直しを強化し、各職場で以下のような長時間労働のさらなる削減を進めている。

第一は、全社消灯、定時退社デー等の継続実施である。すでに二〇一〇年度に全社二〇時消灯に踏み込み、以後、継続的取り組みとすることで、二四時間操業や交替勤務の工場と店舗・店頭を除き、関係会社を含む国内すべての事業所へと拡大してきている。続く二〇一一年度には本社オフィスは二〇時消灯と並行して月一回の定時退社デーを定めた。

第二は、労使協定の内容を社員に守らせるための周知を徹底していることである。労使協定の締結においては、労働時間に関する法的制限だけでなく、長時間労働のリスクに関する行政指針もふまえて書面化し、就業規則にも記載している。時間外労働は、特別な場合でも月当たり最長八〇時間（四五時間超八〇時間までは年間六回以内）と規定した。時間外労働それ自体が、マネジメントをしている上司による業務命令であること、時間は有限であることを共有すること、こうした点を人事部から各職場の責任者をはじめ部下をもつ管理職に対して労使協定の周知をもって徹底している。社員に対しては社内掲示板を使うなどにより周知をはかった。

第三は、産業医との面談である。法律上は、時間外労働が月一〇〇時間超の場合、本人の申し出があれば産業医等医師の面談が必要である。しかし、資生堂では、健康障害防止に向け、本社等の事業所では法令を上回る基準を設定し、産業医が対象者全員と面談している。

第四は、管理職は、長時間労働を回避する基本として、常日頃から特定の社員に業務量が偏らないように業務を調整するなどしている。

これらの成果が、徐々に数値に表われ、二〇一一年度から強化した働き方見直し時点に比較し、二〇一五年四月時点で時間外労働も半減した。

4．美容職の働き方改革

(1)　キャリアアップと育児との両立

二〇一〇年一〇月、資生堂販売会社に所属する一万二〇〇〇名の美容職社員を対象にした新たな「キャリア形成プログラム」が構築された。それは、マネジャーや管理職へのキャリアアップや高度美容専門職への従事を可能にする選択肢を整備し、それに対応するキャリア形成を支援するというものである。その目的は、美容職の能力を引き出し、モチベーションアップをはかって、経営パフォーマンスを高めることにある。

二〇一四年四月には、「男女ともに育児・介護をしながらキャリアアップ」を推進する一環として美容職の働き方改革への取り組みがはじめられた。二〇〇五年に開始されたアクション20から続けてきた働き方の見直しをふまえた美容職の働き方改革であり、以下のような背景に基づくものである。

二〇〇七年、仕事と育児の両立支援策として、育児時間制度を利用する美容職の代替要員を務めるカンガルースタッフ体制が全国導入された。この育児時間制度の利用者が年々増加し、二〇〇五年の二〇〇名程度（美容職のみ）から二〇一三年には一千名を超え、これに伴いカンガルースタッフも一六〇〇名へと拡大した。

育児時間制度を利用している美容職の多くは、早番（勤務時間一〇時から一八時四五分）のシフトに入ったうえで、育児時間取得により一七時に帰ることで、仕事と育児との両立が可能となった。こうした仕事と育児との両立支援制度や施策は、育児期にある美容職にとっての「セイフティーネット」といえるものである。この制度には、育児期の社員がこれらのセイフティーネットをしっかり活用しながら、仕事と育児との両立という段階から、その先に位置づけられる「より影響力の大きな」「より貢献度の高い」仕事に挑戦して自らのキャリアアップをはかるワンランク上の段階へと進んでほしいとする、会社側の期待が込められていた。

ただし、この制度は次のような課題を生じさせることになる。

育児期にある美容職は、入社時の雇用形態が契約社員という位置づけにあったことや、キャリアアップに向けた人材育成がなされていなかったこともあり、貢献度が高い仕事にチャレンジしてキャリアアップをめざすよりも、軸足を家庭に置き、仕事はするも育児・家事を抱え込む、つまりマミートラックに乗る傾向にあった。加えて、長期間の育児休業と育児時間の取得によって、「女性が育児、夫は仕事」という性別役割分担が固定化し、キャリアロスも生じていた。
また、繁忙時間帯に働く遅番（勤務時間一一時一五分から二〇時）や休日勤務は、独身の美容職と子育てを終えた美容職に集中してしまうため、これらの人たちはＷＬＢが進められず、育児時間取得者との不公平感も生じさせた。

このような状況は、二〇一五年八月に成立した「女性の職業生活における活躍の推進に関する法律（女性活躍推進法）」が求める行動計画策定指針である「性別役割分担意識の見直し等職場風土改革に関する取組」や「女性の積極登用・評価に関する取組」と逆行する。

これでは、資生堂が二〇〇五年から法律に先んじて推進してきた、「女性が育児、夫は仕事」という固定的性別役割分担意識の解消や、男性の育児参画を逆戻りさせることになりかねない。また、管理職においては、軸足が育児に向いている美容職へは仕事のアサインがしにくいという状況に陥っていた。

会社側は、このような事態に直面したことから二〇一三年に、後述する働き方改革に先立って、育児短時間勤務の美容職に対する事前の取り組みをはじめた。つまり、美容職の働き方改革にあたり準備段階が必要との判断がなされたのである。

具体的には、育児時間制度を取得している美容職にあらかじめ「育児と仕事の両立 新たなステージへの進化」と題するＤＶＤを見てもらい、情報を共有したうえで管理職が一人ひとりと個別面談し、働き方改革の趣旨を丁寧に説明した。管理職は、美容職自身の将来のキャリアに対する考え方を聴き、家庭の事情にも配慮しつつキャリア形成できる働き方や制度の活用方法などを確認し、「育児をしながらキャリアアップをめざそう」とする会社のメッセージを説明する。また、家庭の事情により育児に参画できる夫（パートナー）や家族がいない場合は、地域の子育て支援サービスを活用するアドバイスやベビーシッター代を補助するなど会社としてできる限りの支援策も講じた。

その結果、美容職の夫の家事・育児参画が進み、時短勤務中の一二〇〇名のうち九八％の美容職が働き方を見直して遅番・土日勤務ありのシフト勤務へ移行できた。加えて、育児短時間勤務であっても業績をあげれば昇進できることが認識され、マミートラックからキャリアアップへの意識変化が効果として出始めている。

(2)　両立から活躍推進への展開

①「資生堂ショック」にみる表層的な捉え方

二〇一五年一一月九日にテレビの報道番組で、美容職のキャリアアップと育児との両立をめざす働き方改革に対して、「資生堂ショック」と題するセンセーショナルな報道がなされた。この報道は、それまで子育て期の女性に「優しい」会社としてみられてきた資生堂が、「甘えをなくせ」とばかりに育児短時間勤務者に遅番や土日勤務をさせるとする方針転換があった、との誤解を招くものであり、女性のキャリアアップには男性の育児参画が不可欠との認識にも欠けた内容であった。また、「女性だけが担う育児の現状」に目を向けたものでもなく、これを打開する道筋を明らかにしようとする前向きな姿勢にも欠けていた。

そのため、この番組の視聴者、特に女性のなかには、「正規」「非正規」、「子どもなし」「子育てを終了」「子育て期」といった多様な立場に基づく、様々な観点や捉え方をされる方がおられた。

しかし、これまで繰り返し紹介してきたように、美容職の働き方改革は、資生堂が女性活躍に向け一九八七年から取り組んできたダイバーシティとＷＬＢの継続施策の実施である。また、この政策は二〇一五年八月に成立した女性活躍推進法の取り組み指針である「女性管理職への登用」「働き方の改革」「性別役割分担意識の見直しなど職場風土改革」に即したものであり、男女共同参画のリーディングカンパニーとして国の指針に応えるべく他企業に先駆けて実践しようとした取り組みである。この二点にわたる肝心な説明が、同番組では明快にはなされていなかった。この点については、美容職の働き方改革に関するこれまでの取り組みを十分に説明してこなかった資生堂側にも問題があったのではないだろうか。

今日、日本の社会における育児は、男性の参画が限られており、保育所不足など社会的インフラが十分整備されているとはいえないなかで、もっぱら女性が担っている。仕事と育児との両立は、男女がともに担うことを前提に親や仲間などの協力と専門家の支えがあって可能になるものであり、女性一人だけが担うには限界がある。同番組が、育児を「女性の問題」と捉えて企画・放映したことにより、働き方改革の意義が議論されず、「働くママにいちばん向いていない遅番・

土日勤務の押し付け」「時短者に冷たい」「マタハラではないか」などの批判が続出した。つまり、一九八七年からの資生堂の女性活躍への取り組みや成果に触れることなく、表層的に国内売上減少を理由として育児短時間勤務者が増加したと放映された結果、社外の多様な利害関係者がそれぞれの立場で声をあげ、混乱が生じたのである。

実際には、育児短時間勤務を取得している美容職でも、「早番のみの働き方に違和感をもっていた」と受けとめる者もいた。また、この改革を機に退職したのは、約一二〇〇名いる時短勤務取得中の美容職のうち三〇名ほどにとどまった。

資生堂人事部ビジネスパートナー部の本多由紀室長（現資生堂ジャパン人事部長）も、「『育児中のスタッフの遅番を少しでも減らせるよう、私が頑張ります』など、互いに配慮する意識が高まり、理想の職場に近づいてきた」とコメントしているが、美容職の働き方改革は、「女性活躍推進法」の取り組みを具現化したものなのである。

②女性活躍のロールモデルへの期待

いわゆる資生堂ショックに対して、日本女子大学人間社会学部大沢真知子教授は、次のような本質をついたコメントをしている。

「資生堂ショックは、日本が時代の転換点を迎えていることを示す重要な変化であり、女性が仕事と家庭を両立させて活躍する社会の実現のためには、家庭での男性の家事や育児分担や長時間労働の是正、さらには、働くお母さんを支える社会のインフラ作りが欠かせないことを示してい

図表 13 ◆夫の育児頻度と妻の昇進意欲

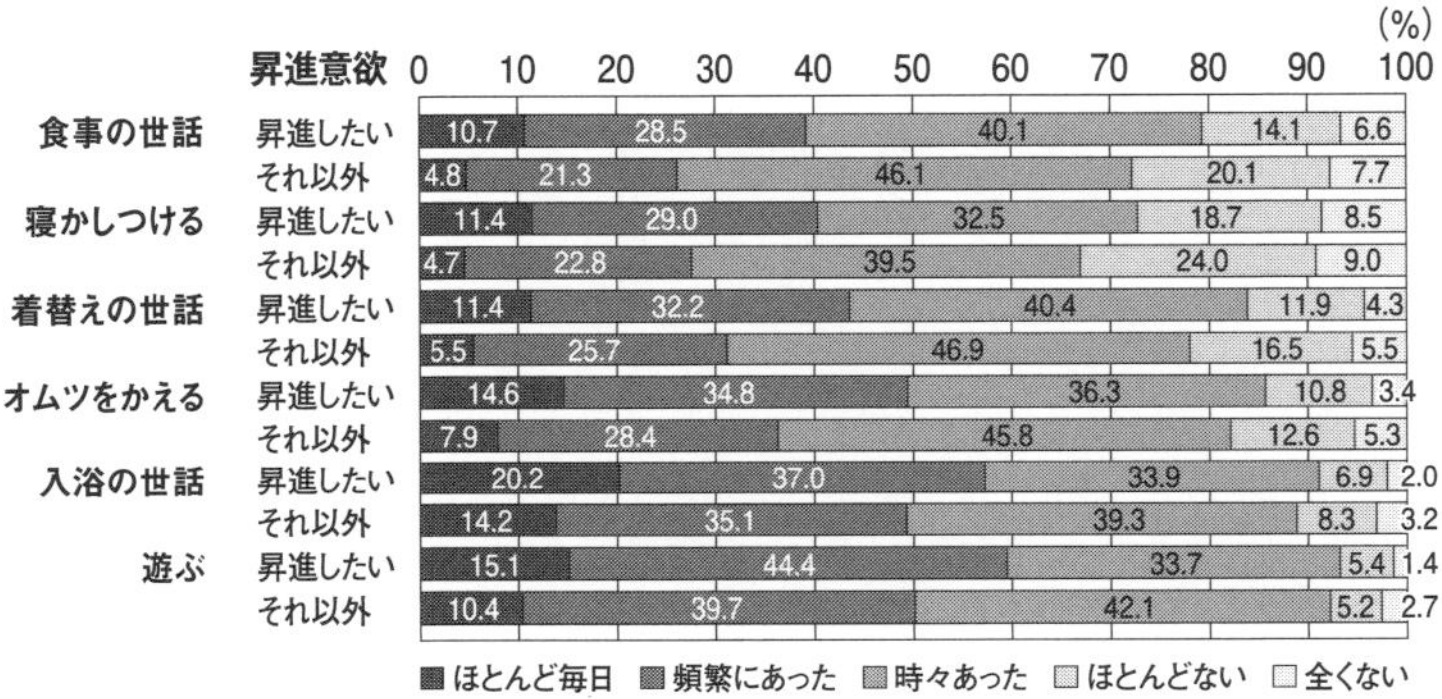

注：回答数は、「昇進したい」793、「それ以外」1353
出所：21世紀職業財団「育児をしながら働く女性の昇進意欲やモチベーションに関する調査」2013 年

る」[38]

実際、美容職の働き方改革が、育児をしている美容職がキャリアアップするためには夫の長時間労働を是正し、固定的性別役割分担意識を払拭して男性も家事・育児に参画していくという先進的な取り組みであることを裏づける調査結果として、21世紀職業財団「育児をしながら働く女性の昇進意欲やモチベーションに関する調査」（二〇一三年）がある（図表13）。この調査によると、「女性の昇進意欲が高いと夫の育児参画も高い」ことが明らかになっている。また、昇進意欲のある子育て女性の夫は、昇進意欲のない子育て女性の夫と比較し、子どもの食事の世話・寝かしつける・着替えの世話・オムツをかえる・入浴の世話・遊ぶ、の全項目においてその頻度が「ほとんど毎日」「頻繁にあった」など高いことが示されている。

育児ばかりでなく介護など時間制約のある社員

が性別にかかわらず増えてくる日本では、資生堂が、美容職の働き方改革を確実に推し進めて「キャリアアップと育児との両立」という新たなステージへとステップアップし、日本企業の女性活躍のロールモデルとなることへの期待感はきわめて大きい。

5. 二〇二〇年に向けた組織活性化と女性活躍推進施策

(1) 中長期戦略「ＶＩＳＩＯＮ ２０２０」は日本的経営の構造改革

魚谷雅彦社長は、国内外の資生堂社員に向けて二〇一四年一二月一七日に中長期戦略「ＶＩＳＩＯＮ ２０２０」を打ち出し、その後、二〇一五～二〇一七年の事業基盤の再構築をはかる「三ヵ年計画」を経て、二〇一八～二〇二〇年の成長加速の中長期戦略として「新三ヵ年計画」を推進している。

ＶＩＳＩＯＮ ２０２０が提起する資生堂の根本的な課題は、「非効率な組織」の改革である。資生堂は、海外での化粧品事業が拡大しているにもかかわらず、今日なお日本中心の組織構造となっている。具体的には、日本的雇用慣行である年功序列が温存されていて、四〇歳を過ぎなければ管理職に登用されない、若手が育たない人事制度、成果がなくても誰も責任をとらない不明瞭な責任の所在、本社中心で販売会社が下となる高い壁の存在などがあげられる。この非効率な

図表 14◆組織を活性化・若返りさせる人事戦略

・女性の活躍
・外部人材
・日本中心のポスト設計・労務環境見直し
・能力のある人材（若手）登用
・選抜型教育
・実力・成果による評価・処遇
・職務規程設計
・コンピテンシー
・コミットメントに対して責任を果たす風土

出所：資生堂「VISION 2020」

組織を改革するために、「組織を活性化・若返りさせる人事戦略」（図表14）が掲げられた。

これは、①多様性、②役割と責任、③競争原理を三つの具体的な課題とし、その解決をはかるものである。一つめの多様性（ダイバーシティ）への取り組みとしては、

◆女性の活躍として女性リーダーを増やす、美容職のキャリアアップ
◆外部人材の採用と登用
◆国境を越えた異動を促進するグローバルモビリティ
◆日本中心のポスト設計・労務環境の見直し

をあげている。

二つめの役割と責任で明確にしたことは、次のとおりである。

◆職務権限や職務内容・範囲などを明文化した職務規程の設計

◆高い成果を出している社員の行動特性を分析・活用するコンピテンシー
◆コミットメントに対して責任を果たす風土醸成

三つめの競争原理の具体的内容としては、

◆能力ある人材（若手）の登用
◆選抜型教育の導入
◆実力・成果による評価・処遇

をあげている。以上、三つの課題解決を好循環させることによって、組織の活性化と若返りをはかろうというものである。

魚谷社長は、今回の組織・人事制度の根本的改革を、一言でいうと「従来長く培われてきた年功序列の人事の仕組みをやめる」[*39]ことだと締めくくり、二〇二〇年までにグローバル体制を構築し、資生堂を多様な文化が交じりあう会社へと進化させたいとしている。

二〇一五年度からは、ダイバーシティを一層強化・加速すべく、国や地域、法人を越えた資生堂グループ内の人事異動を積極的に行なっている。とりわけ、店頭で応対接客にあたる美容職は、「美容のプロフェッショナル」「単なる販売員でない」と明確化し、「コストでなくブランド価値を創り出すためにお客さまとのタッチポイントになっている」として、資生堂にとってきわめて重要な存在であるとした。[*39]その専門性を有する美容職正社員の二〇一六年度新規採用を全国で三五〇名程度に拡大するとともに、約二〇〇〇名の契約社員に登用試験を課し正社員への転換をはかる。これは女性活躍推進法の行動計画に即した有効な施策となる。

国内における女性管理職登用リーディングカンパニーである資生堂の手本は、欧米先進国のジェンダー平等およびＷＬＢ政策・施策である。欧州諸国の女性活躍では、①意思決定に関与できる女性管理職・役員の比率が一定以上になる施策の導入、②長時間労働の克服、③男性の家事・育児参画による家庭内のジェンダー平等とＷＬＢの実現を可能にする法制化が共通の取り組みとなっている。*40

魚谷社長は、ダイバーシティのさらなる推進に向け、「男女ともにキャリアアップをしながら仕事との両立ができるようになること」「女性リーダーを増やす」「在宅勤務、リモートオフィス、インターバルなど多様で柔軟な働き方を導入」するなど、現場を変えることをコミットメントした。それだけでなく、経済界の経営者の意識を変えたいとし、一企業ではできないことも、経済界全体でダイバーシティに取り組む合意があれば可能になることから自らリーダーシップをとっていくこともコミットメントしている。

日本的経営の革新なくして女性活躍はなく、そのために女性管理職登用（活躍しやすい会社）とＷＬＢの実現（働きがいのある会社）のいずれも欠くことなく二つを一体のものとして女性活躍を推進しようとする資生堂の中長期戦略ＶＩＳＩＯＮ　２０２０は、先進諸国のグローバル企業における女性活躍に匹敵する成熟したレベルともいえる行動計画である。

(2) グローバル経営により加速するダイバーシティ&インクルージョン

①グローバル経営の推進

女性管理職登用に不可欠なことは、本書でいうデュアルアプローチであり、登用加速にはグローバル経営の推進が鍵となる。このことの証左は、資生堂がグローバル経営の推進により女性管理職登用を加速させたことにある。

日本経済は、バブル崩壊後、経済停滞期に入り、二〇〇〇年代の平均経済成長率は〇・六％まで落ち込み、売上高は低迷し、年平均営業利益率も二・五％程度にまで低下した。

資生堂は、この経済基調の変化を受けて新世紀に臨み、一九九三年には中国市場の成長を見込んで資生堂北京工場、九九年資生堂上海工場を設立したが、海外事業の活性化に舵を切った二〇〇〇年当時でも、海外売上高比率は一〇％台であった。〇一年には、工場設立にあわせ中国人の化粧習慣、肌や毛髪研究をベースに中国の顧客ニーズに応えた製品開発を行なうため、資生堂中国イノベーションセンターの設立など進めた。その後、市場調査や企画立案から、製品設計、生産まですべて中国で完結する、顧客満足度の高い製品開発を可能にする中国イノベーションセンター上海分公司の新社屋を一五年に建設した。また、一〇年の日本・アセアン向けの主力工場としてベトナム工場稼働、一六年台湾資生堂の新竹工場設立が続き、翌年にはアジアパシフィックイノベーションセンターの拠点をバンコクからシンガポールへ移転している。

こうした一連の海外事業の拡大により海外売上高比率は年々増加し、一四年三月に五〇・五％、一八年一二月には五四・八％まで伸長するなど、世界の化粧品市場を対象にイノベーションによる新価値を創造するグローバル企業に成長するとともに、グローバル経営を加速化した。これにより、肌・毛髪の色や好みといった、世界各国で異なるニーズに対応できるマーケティング戦略、グローバル人材マネジメントなど、多様性に富んだ組織運営が求められるところとなる。

②「グローバル経営」に応えたダイバーシティ＆インクルージョン

このようにグローバル企業として成長できたのは、経営トップ層が、男性重用の日本的経営から多様な人材を活かす「グローバル経営」へと革新をはかったからである。

ダイバーシティ＆インクルージョンとは、セクシャリティや障がいの有無、国籍や人種の違いに関係なく、多様な価値観、違った属性をもつ人材を組織のなかにインクルーシブして（包み込み）、違いを活力に新たな価値創造を可能にすることである。ダイバーシティは、単独で使うよりも「ダイバーシティ＆インクルージョン」と一体表現することで実効性の高いものとなる。

より直接的には外国籍のマネジャーの組織参画がそれである。〇六年にカーステン・フィッシャーが欧米の化粧品・日用品大手を経て入社、一二年には外国人では初の代表権のある専務に昇進するなどグローバル人材マネジメントを実践した。その結果、「〇六年には戦略会議の参加者に占める外国人の比率二五％が、一二年には五〇％まで上昇。マネジャーのほとんどは海外に本拠を置いている」[*41]とされるほど、この外国人マネジャーの採用が、グローバル経営を推進するダイバーシティ＆インクルージョン推進の第一歩となった。

一九八七年に始まった資生堂の女性活躍への取り組みは、二〇〇〇年以降本格化したグローバル経営の推進と軌を一にしている。海外売上高が四四・九％に達した一三年から二〇年までの八年間の女性活躍は、ダイバーシティ＆インクルージョンを推進した時期にあたり、女性管理職登用が三〇％を超える成熟期として特徴づけられる。ただし一一年から一三年かけて経営トップの交替が重なった折から、その実質的なスタートは魚谷雅彦新社長が中長期戦略ＶＩＳＩＯＮ ２０２０を打ち出した一五年からといえよう。

ＶＩＳＩＯＮ ２０２０は資生堂のグローバル経営を深化させると同時に、女性活躍を加速化させるものとなり、売上高一兆円、営業利益一〇〇〇億円の当初計画を三年間前倒しする成果を生み出した。このことは、国内外で女性の管理職・役員が増えるにつれ、女性登用は会社の業績に与える期待効果が高く、女性取締役のいる企業はいない企業に比べ株式パフォーマンスが良いとする近年の研究成果を追認するものとなっている。

一九年には新三ヵ年計画の修正計画を策定し、進化した新・企業理念THE SHISEIDO PHILOSOPHYでは、「BEAUTY INNOVATIONS FOR A BETTER WORLD」（ビューティーイノベーションでよりよい世界を）が打ち出され、世界のなかで信頼される「グローバルビューティーカンパニー」を実現し、百年先も輝き続ける企業をめざしている。

③グローバル経営との相乗効果により加速する女性活躍

資生堂の女性管理職登用は、図表11のとおり、ジェンダーフリー活動期の二〇〇〇年から一九年まで、デュアルアプローチによる一連の女性活躍の成果を土台に「グローバル経営」との相乗効果を発揮し、五・三％から三二・三％まで、十九年間で二七％の飛躍を遂げている。ＶＩＳＩＯＮ　２０２０新三ヵ年計画の中間点である一九年には、国内の女性管理職比率が日本政府がめざす目標「二〇年三〇％」を前倒しで達成し、二〇年末には一挙に四〇％とする意欲的な目標が掲げられている。

女性活躍の真価は、どんな企画や商品にするのか、どのような販売方法や広告にするのかを決める意思決定ボードに女性がどれだけ占めるかにかかっている。女性活躍のリーディングカンパニーとして資生堂は、女性役員比率三〇％達成をめざす「30% Club Japan」[*42]に参加を表明し、一九年には女性役員比率が四五％に達するなど、国内企業では比類ない。したがって本書第３章２に示すカンターの「黄金の三割」理論に従えば、女性の管理職や役員に占める割合が全体の三割を超えている今日の資生堂は、女性が特別な存在として意識せずに活躍できる企業モデルといえるのではないか。

ＶＩＳＩＯＮ　２０２０はジェンダー平等を当たり前とし、女性活躍を深化させたダイバーシティ＆インクルージョンの成熟期に到達しつつある。将来的には女性初の社長誕生を視野に入れ、当面、部門長などの上位管理職の女性比率向上をめざした女性リーダー育成塾「NEXT LEADERSHIP SESSION for WOMEN」を開催している。社長自らが塾長となり、研修期間は一〇ヵ月をかけ継続開催される。研修内容は、より着実に女性リーダーを育成するもので、社外の女性リーダーを招いての講演や個別コーチングに加え、自己のリーダーシップに即座に反応するといわれる馬から学ぶワークショップ等も組み合わせた包括的なリーダーシップ開発プログラムで構成されている。第一期は一七年に終了している。

④多様性社会を拓く女性活躍推進企業

ダイバーシティの本質は多様性であるから、女性活躍は女性の管理職・役員の登用だけに終わるのではなく、ＬＧＢＴ、障がい者、外国人などさまざまなバックグラウンドをもつ人材を活かし、人それぞれに能力を発揮でき、だれもが取り残されない多様性社会を拓く先駆けになってこそ意味がある。

資生堂は、ＬＧＢＴ当事者である社員がありのままの自分で職務遂行できる職場環境の整備に力を入れてきた。具体的には一五年にＬＧＢＴへの正しい理解を促す社内セッションを開催し、一七年には同性パートナーを異性の配偶者と同様の処遇を享受できるよう就業規則を改訂した。また、日本最大のＬＧＢＴ支援イベント「Tokyo Rainbow Pride 2017」へ出展し応援している。

障がいのある社員の雇用にあたっては、「本気で期待する」「必要な配慮はするが特別扱いはしない」「一生懸命働きたい情熱のある社員を積極的に応援する」といった取り決めがあり、〇六年には、「だれもがいきいきと働くことができる職場づくり」をめざして知的障がい者の雇用促進と安定をはかるために特例子会社「花椿ファクトリー株式会社」を設立した。一九年六月現在、株式会社資生堂の障がい者雇用率は三・二五％と民間企業の法定雇用率二・二％を上回っている。

さらに、ダイバーシティ&インクルージョンの推進にあたり、海外現地法人はもとより、国内においても、さまざまな属性をもつ外国籍人材の積極的採用を進めている。これにともない、一八年には、社員が国境を超えて互いに理解し合えるように社内の公用語を英語とし、業務上必要な社員には会社負担で英語学習の環境を整備している。

⑤社会との協働による女性活躍の加速

一企業では限界があることも、政府・自治体、NPO、経済団体など社会全体でダイバーシティ&インクルージョンに取り組む合意ができれば、女性活躍は加速する。

資生堂はVISION 2020においてビューティーカンパニーならではの社会価値創造を重要な企業使命として打ち出した。一五年に公表されたSDGs（持続可能な開発目標）の実現や、環境・社会・ガバナンスの三つ観点を考慮した投資行動を促す責任投資原則（PRI）に則ったESG投資を視野に入れ、経済目標と文化や教育の非経済目標の二つの柱をもって企業経営に臨んでいる。ビジネスと社会との両面から捉えた重要課題に優先順位をつけて実現できるよう、資生堂独自のマテリアリティマップを作成、より良い社会をめざしている。

また一〇年にはUN Women[*43]と連携し、ジェンダー平等の促進をはじめとする「女性のエンパワーメント原則」（WEPs）に署名した。これは、企業がジェンダー平等と女性のエンパワーメントを経営の核に位置づけて自主的に取り組む国際的な原則であり、企業活動の持続可能な成長の促進をもって女性の経済的エンパワーメントを推進するものとして期待されている。*44 このUN Womenとの契約は、日本企業として初めての挑戦である。具体的には、一七年より若年層を対象にジェンダー課題を学び、解決策を社会に提言するジェンダー平等啓発ワークショップを開催している。

日本的経営が女性活躍の足かせであるにもかかわらず、多くの企業は、これをためらい改革を先延ばしにしてきた。それと比べて資生堂の女性活躍は、グローバル化の進展と並行して女性活躍を土台に、ＬＧＢＴや外国籍等「違い」を受け入れ、人事、経営組織を変えるダイバーシティ&インクルージョンを推進するビジネスモデルになっている。

これから日本企業が経営パフォーマンスを高め、持続可能な成長を遂げるには、女性活躍をはじめとする多様な人材を活かし、イノベーションをもたらす「ダイバーシティ経営」が求められよう。

注

1 世界経済フォーラムが、各国内の男女間の格差を数値化しランクづけしたもので、経済分野、教育分野、政治分野および保健分野のデータから算出される。世界レベルで測った各国の性別による格差が明らかになっている。

2 ボーヴォワールの主著『第二の性』の第二巻冒頭にある。

3 内閣府『男女共同参画白書』(平成二七年版)五〇頁

4 国立社会保障・人口問題研究所(二〇一二)「日本の将来推計人口」(平成二四年一月推計)

5 経済産業省(二〇一六)「第四五回 海外事業活動基本調査概要」(二〇一四年度実績／二〇一五年七月一日調査)

6 総務省統計局「社会生活基本調査」(各年版)、黒田祥子(二〇一〇)「日本人の労働時間―時短政策導入前とその二〇年後の比較を中心に―」(経済産業研究所、RIETI Policy Discussion Paper Series 10-P-002)一六頁

7 総務省統計局「労働力調査(基本集計)」(平成二七年(二〇一五年)一二月分速報、平成二八年一月二九日公表)

8 三菱UFJリサーチ&コンサルティング「子育て支援策等に関する調査二〇一四」

9 内閣府『少子化社会対策白書』(平成二七年版)二〇頁

10 御船美智子「ジェンダーセンシティブなワーク・ライフ・バランス論をめざして」(山口一男・樋口美雄編(二〇〇八)『論争 日本のワーク・ライフ・バランス』日本経済新聞出版社)九一～九四頁

11 熊沢誠(二〇〇〇)『女性労働と企業社会』(岩波新書)一一四頁

12 大沢真知子・原田順子編(二〇〇六)『21世紀の女性と仕事』(放送大学教育振興会)七四～七六頁

13 永瀬伸子・守泉理恵(二〇一一)「一九九〇年代から二〇〇〇年代に大卒女性の就業継続行動はどう変わったか」お茶の水女子大学生活社会科学研究会『生活社会科学研究』第一七号

14 橘木俊詔（二〇〇八）『女女格差』（東洋経済新報社）二三五頁
15 染谷真己子（二〇〇八）「アメリカ企業の女性活用の進展」（杏林大学大学院国際協力研究科『大学院論文集』五号）二頁
16 European Commission (2012), Women on boards-factsheet 1:The economic arguments.
17 有村貞則（二〇〇七）『ダイバーシティ・マネジメントの研究』（文眞堂）四一頁
18 次世代育成支援対策推進法に基づき、企業が従業員の仕事と子育ての両立をはかるための雇用環境の整備や、子育てをしていない従業員も含めた多様な労働条件の整備などに取り組むにあたって、①計画期間、②目標、③目標達成のための対策およびその実施時期を定めるもの。二〇〇九年一一月の改正により、従業員一〇一人以上の企業には、行動計画の策定・届出、公表・周知が義務づけられた。
19 永瀬伸子代表（二〇一〇）「『子育て期における仕事と家庭の調和に関する調査』―父親役割意識と家事・育児参加の実態―」お茶の水女子大学「ジェンダー・格差センシティブな働き方と生活の調和」プロジェクト、石井クンツ昌子・林葉子ほか（二〇一一）「仕事と生活に関する男性WEB調査」同研究プロジェクトを参照。
20 資生堂社員の主体的な意欲を尊重した人材育成制度で、総合職、事業所限定職、美容職の三コースを設定している。男女雇用機会均等法が施行されたことを受け、意欲と能力のある女性社員は総合職として男性と同じ土俵で仕事ができるようになった。筆者も、この制度を機に総合職に登用された一人である。
21 二〇〇六年一〇月五日、講演講師を務めた福原名誉会長が当時を振り返って社員に語った内容である。
22 福原義春（一九九一）「『ハーバードの女たち』―解説」（資生堂『東庭西草』）一三九頁
23 福原義春（一九九〇）『企業は文化のパトロンとなり得るか』（求龍堂）二八頁
24 一九九一年時点における育児休業の就業規則は、男性が無条件で育児休業を取得できたわけでなく、子どもの養育をしている配偶者が、やむをえない事情で養育が困難となった場合に限られていた。
25 全国の社員を対象にした資生堂本社経営企画室による第一回目ステークホルダー指標「資生堂社員の意識調査」（一九九八年）には、人事部が加わって、「ジェンダーフリー」にかかわる項目を追加設定した。
26 「Value Co-Creation 2000」の四つの価値軸とは、第一に地球市民としての自覚に立ち、地球との共生をはかる「エコロジー」、第二に高齢社会に重要な価値観である「エイジレス」、第三が性差を超え、男女がともに物事に参画する「ジェンダーフリー」、第四に多様な人種、民族、国家やその文化が共存し相互に認め合うために欠かせない「アイデンティティー」である。

27 管理職（参事）への昇格率とは、管理職（参事）昇格候補者の母数に対し、実際に昇格した者の割合である。

28 厚生労働省『雇用保険事業年報』（各年版）育児休業給付・初回受給者数（人）

29 小室淑恵氏は、大学生のときアメリカに留学し、現地で出産後の休暇を活用して学習する女性の生き方をヒントに育児休業復帰支援プログラムを開発した。資生堂を退職して株式会社ワーク・ライフバランスを二〇〇六年七月に設立し、代表取締役社長に就任した。

30 池田守男社長（当時）は、二〇〇五年六月会長、二〇〇六年六月相談役、資生堂美容技術専門学校理事長、東洋英和女学院理事長・院長等を務めていた。

31 「プロジェクト130」は、資生堂創立一三〇周年の記念の年に経営改革室に設置された池田社長直轄のプロジェクトである。筆者は、二〇〇二年四月一日付で人事部から経営改革室に異動し、このプロジェクトメンバーの一員となって、事業所内保育施設「カンガルーム」の設立をはじめ資生堂の男女共同参画にかかわる業務を担当した。

32 岩田喜美枝氏は、一九七一年四月労働省（現・厚生労働省）入省。婦人局婦人政策課長、大臣官房国際労働課長、同審議官などを歴任後、雇用均等・児童家庭局長を務め二〇〇三年八月退任。同年一二月資生堂常勤顧問として入社し、二〇〇四年四月CSR部長、同年六月取締役執行役員CSR部長、二〇〇六年四月取締役執行役員人事・秘書・お客さま情報担当等を経て二〇〇八年四月副社長に就任。二〇一二年七月より顧問、21世紀職業財団会長。

33 ポスト任期制とは、一定期間内（三期）に期待した業績や成果をあげられなければポストから降職させる仕組みである。その目的は、ポストの既得による職務に対するマンネリ感や緊張感欠如の打破、組織活性化、成果をあげ続ける意識向上にある。

34 二〇〇五年八月に資生堂の国内事業所で働く社員を対象にアンケート調査を実施し、一八一五名から回答を得た。この回答数は、これまで実施した意識調査と比べて五％高く、それだけ社員がWLBに関心を寄せていたことの現われである。

35 企業のＷＬＢ推進に向け、自己診断と自主的取り組みを奨励するためのＷＬＢ企業診断指標。具体的には、①心身へ過大な負荷を与えるような長時間労働となっていないか、②仕事と仕事以外の生活との両立を困難にするような恒常的な時間外・休日労働が行なわれていないか、③休日・休暇など仕事から自由になる機会が確保されているか、④家庭責任としてもっとも就業に影響を及ぼす要因である育児・介護について、仕事との両立に配慮がなされているかなどの認証基準を設定している。

36 厚生労働省「平成二四年就労条件総合調査」によると、二〇〇五年の有給休暇取得率は四七・一％、二〇一二年では四九・三％である。

37 この調査は『日経ＷＯＭＡＮ』創刊の一九八八年から不定期で実施され、創刊二五周年を記念した二〇一三年の調査では、上場企業など国内有力企業四三二九社を対象に郵送により実施。うち四八九社から回答を得た（回答率一一・三％）。

38 大沢真知子「『資生堂ショック』に考える―女性が『活躍』できない根源的な理由とは？」（日経ウーマンオンライン）二〇一五年一一月一三日

39 「『ＶＩＳＩＯＮ ２０２０』現実を直視し勝つことにこだわる資生堂へ」二〇一四年一一月一七日説明会

40 山極清子（二〇一四）「欧州４ヵ国のジェンダー平等とワーク・ライフ・バランス法制・政策の考察」（『立教ＤＢＡジャーナル』第四号）

41 リチャード・カッツ「資生堂は海外事業をどう活性化したのか？」（東洋経済オンライン）二〇一二年八月三一日

42 30% Club Japanは、二〇一九年五月スタート。その設立事由は、企業のトップ層の多様性が、Groupthink（集団浅慮）を回避し、さまざまなステークホルダーを考慮した議論や意思決定を可能とすることから、企業のガバナンス強化、リスクマネジメント強化だけでなく、適切な経営戦略立案やブランド強化にも寄与するからだとしている。加えて、インクルーシブな組織風土の醸成は、イノベーションの創造を促進させ、日本企業の持続可能な成長に資するものとしている。魚谷資生堂社長は、30% Club Japanの初代会長に就任。

43 ジェンダー平等と女性のエンパワーメントに貢献する国連の団体

44 内閣府男女共同参画局

おわりに

本書のベースとなった博士論文における筆者の問題意識は、次のところにあった。

欧米はもちろん、フィリピンやシンガポールといったアジアの国々の企業においても、女性は男性同様に管理職に登用され、男女がともに責任を担う、いわゆる女性管理職登用が当たり前になっている。とりわけ主要上場企業の意思決定にかかわる女性役員比率は、フランス四三・四％をトップに、ノルウェー四二・一％と四割を超え、スウェーデン三六％、イタリア三四％、ドイツ三二％のほか、ベルギー、デンマーク、オランダを含む八ヵ国は、すでに三〇％を超えている。

一方、日本企業の女性管理職登用はとてつもなく遅れている。二〇一八年の世界の女性管理職比率の平均は二七・一％、日本のそれはいまだ一二・五％、G7では最下位（ILO調べ）。これでは女性管理職登用が進んでいるとはとてもいえない。役員に占める比率に至っては、二〇一九年七月でみても五・二％と、意思決定ボードメンバーは男性ばかりである。いったい、何が日本企業の女性管理職登用を妨げているのか、なぜ女性活躍はこんなにも遅れてしまったのか。

日本では、国内市場の成熟化や少子高齢化、そしてグローバル化の進展に伴い国内外を問わず、顧客のニーズが多様化した。このような状況に対応するには、商品・サービスを提供する企業組織もまた競争力を高めるため人材の多様性が求められているにもかかわらず、日本的雇用慣行など半世紀前の男性中心の就労モデルがいまなお堅持され、女性人材が活かされていない。これでは人材の多様性に欠け、イノベーションの推進力が抑制されてしまうのは当然である。現に、少子化による個人消費人口の減少、将来の生産労働人口の減少など経済は足踏み状態に陥り、GDPも伸び悩んでいる。

今日、高成長モデルが破綻し、かつての日本的経営を構成していた年功序列賃金や終身雇用、男性片働き世帯を支える客観的条件はもはや存在しない。それでも、男性はもっぱら仕事を担い、女性はフルタイムの従業員であっても家事や育児を担うという性別役割分担の状況は変わっていない。働き方・働かせ方においても、職務が明確になっておらず、労働時間の長さで評価される傾向があるため、長時間労働などの状況も続いている。

その結果、恒常的な長時間労働と固定的な性別役割分担とが対構造となって、日本的雇用慣行は温存されている。これを表わすように日本のジェンダー平等度（二〇一九年度）は、一五三ヵ国中一二一位と前年度の一一四位よりさらに下位となり、G7のなかでも最低である。この実態が放置されたままでは、女性管理職登用は進まない。しかも、日本の時間当たり労働生産性（二〇一八年）は、OECD加盟三六ヵ国のなかで二一位（加盟国平均五六・一ドル、日本は四六・八ドル）と低位置にある。こんなことで、日本の経済や社会が今後まともに維持発展できるとはとても思えない。

このような閉塞状況のなかで、どうしたら女性活躍の阻害要因を取り除き、女性管理職登用が実現できるのか。筆者の思考の拠り所となったのが、アメリカの「ジェンダー・ダイバーシティ・マネジメント」という経営理念である。新しいマネジメントの先駆けであるアメリカの企業が女性の管理職登用に本腰を入れた背景には、移民人口が増え続ける一方で、労働市場では白人男性だけでは人材確保が困難になったことがある。そのようななか、企業が持続的発展を遂げるには、女性をはじめ少数民族、移民、マイノリティーといった多様な人材を組織に取り込む必要があるとの認識に至った。こうした背景から「ジェンダー・ダイバーシティ・マネジメント」が定着し、次第にアメリカでの女性の管理職・役員登用が積極的に進められるようになったのだ。

日本とアメリカでは労働環境も企業をとりまく社会的条件も同じではないが、ジェンダー・ダイバーシティ・マネジメントの導入は、日本的雇用慣行を変革する経営手法として有効であるはずだ。なぜなら、これからの日本の企業経営には、従業員の多様性、とりわけ、これまで活かされてこなかった女性人材を企業組織の管理職、役員に積極的に登用して企業内でのパワーバランスを変え、加えて組織変革を通じて時間当たりの生産性を向上させ、価値創造性を高めていくことにつながるからである。

ジェンダー・ダイバーシティ・マネジメントが女性活躍推進に不可欠であることは、筆者が資生堂の女性管理職登用を推進するなかで実感し確信するに至ったものだが、筆者が長年にわたり交流してきた一千社を超える企業の役員や人事担当の管理職からも同様の声が聞かれる。

本書では、日本社会において真に女性活躍を実現するためには女性管理職登用が不可欠であり、女性管理職登用を実現するにはジェンダー・ダイバーシティ施策とワーク・ライフ・バランス施策を組み合わせ、両者を同時に推進するプロセス・イノベーションが必要であることを取り上げてきたが、プロセス・イノベーションを可能にするフィールド（テーマ）として筆者は、資生堂の女性管理職登用の取り組みを選んだ。

なぜ、資生堂だったのか。理由は三つある。

第一に、資生堂は女性社員が多く、化粧品販売に重きを置く企業であることから女性活躍推進の必要性に迫られ、これまでにない独自の取り組みによって成長し発展してきた会社であること。第二に、一四八年の長きにわたって女性活躍推進の歴史を跡づけることのできる数少ない企業の一つであること。そして第三に、筆者自身が約四〇年間資生堂に勤務し、とりわけ一九九七年以降、女性管理職登用の「基礎固め期」から「発展期」までの登用推進の実務に携わり、重要な施策立案の現場に身を置いてきたこと。退職後も、資生堂とネットラーニング社の共同出資により設立された㈱ｗｉｗｉｗの経営者として二〇一〇年以降、女性活躍のリーディングカンパニーとしての資生堂を参与観察してきたからである。

なお、本書はあくまでも資生堂という一企業における女性活躍に向けてのプロセス・イノベーションを取り上げて女性管理職登用の道筋を示したものである。国のレベルで女性管理職登用を促進しその実効性を高めるには、個々の企業の取り組みはもちろんのこと、社会全体での構造的な改革が不可欠である。例えば、女性管理職登用促進に向けたロードマップ作成やポジティブ・アクション を強力に推進できる法環境の整備、ジェンダー平等な企業風土醸成などがあげられる。

女性のキャリア形成と育児や介護、家事との両立は、男性のそれらへの参画なしには進まない。また、育児、介護、家事を社会で支える事業化が必要である。それゆえ、女性管理職登用を加速するには、企業経営者が、育児や介護の社会化を等閑視せず、そのための社会インフラの整備についても積極的に役割を果たしていくことを期待したい。

出版にあたり、多くの方々にご指導やご協力、応援をいただいた。ここに深く感謝の意を表する。とりわけ、筆者が資生堂の女性活躍を推進できたのは、福原義春会長（現名誉会長）がメンターとして背中を押し、支えてくださったからで、この場を借りて御礼申し上げる。

また、立教大学大学院において出会った北山晴一教授（現立教大学名誉教授）ならびにビジネスデザイン研究科亀川雅人教授の教えなくして出版には至らなかった。改めて感謝の意を表する。出版に対しエールを送ってくださった筆者の現在の上司であるネットラーニンググループ岸田徹代表取締役会長にも、心より感謝申し上げる。そして、大学教員と家事・子育ての両立を実践しつつ、執筆を物心両面で支え続けてくれたパートナーである山極完治に心から感謝したい。

二〇二〇年四月

山極　清子

山極清子（やまぎわ・きよこ）
1995年、資生堂から21世紀職業財団に出向、両立支援部事業課長に就いたことを機に資生堂の女性活躍の礎を築く資生堂初の女性人事課長に就任。一貫して男女共同参画・ダイバーシティの推進、仕事と育児・介護との両立支援、ワーク・ライフ・バランスの推進など働き方改革に取り組んできた。現在、1000社超のネットワークを財産に、理論と実践を融合して企業にとって最も有効な施策としてダイバーシティ経営、働き方改革を提案している。2009〜14年立教大学大学院ビジネスデザイン研究科特任教授。10年株式会社wiwiw（ウィウィ）社長執行役員などを経て現在、代表取締役会長。14年昭和女子大学客員教授、17年東京都人事委員会委員。経営管理学博士。

女性活躍《じょせいかつやく》の推進《すいしん》
ー資生堂が実践するダイバーシティ経営と働き方改革

著者◆
山極清子

発行◆2016年6月23日 第1刷
2020年7月10日 第3刷

発行者◆
輪島　忍

発行所◆
経団連出版
〒100-8187 東京都千代田区大手町1-3-2
経団連事業サービス
URL◆http://www.keidanren-jigyoservice.or.jp/
電話◆［編集］03-6741-0045［販売］03-6741-0043

印刷所◆大日本印刷

ISBN978-4-8185-1604-5 C2034